Klett

D1854860

10-Minuten-Training

Deutsch Rechtschreibung

Zeichensetzung

5.–7. Klasse

Kleine Lernportionen für jeden Tag

Friedrun Angermaier, Tanja Benissan-Messan, Dietger Feiks, Ulrich Höffer, Ella Krauß, Jutta von der Lühe, Jens Sieberns, Horst Stephan, Astrid Wiese

Klett Lerntraining

Bibliografische Information der Deutschen Nationalbibliothek
Die Deutsche Nationalbibliothek verzeichnet diese Publikation in der Deutschen Nationalbibliografie; detaillierte bibliografische Daten sind im Internet über http://dnb.dnb.de abrufbar.

Das Werk und seine Teile sind urheberrechtlich geschützt. Jede Nutzung in anderen als den gesetzlich zugelassenen Fällen bedarf der vorherigen schriftlichen Einwilligung des Verlages. Hinweis zu § 52a UrhG: Weder das Werk noch seine Teile dürfen ohne eine solche Einwilligung eingescannt und in ein Netzwerk eingestellt werden. Dies gilt auch für Intranets von Schulen und sonstigen Bildungseinrichtungen. Fotomechanische Wiedergabe nur mit Genehmigung des Verlages.

3. Auflage 2018

© PONS GmbH, Stöckachstraße 11, 70190 Stuttgart 2017. Alle Rechte vorbehalten.
www.klett-lerntraining.de

Umschlag: Sabine Kaufmann, Stuttgart
Umschlagfoto: www.thomas-weccard.de
Layout und Satz: tebitron gmbh, Gerlingen
Druck: Medienhaus Plump GmbH, Rheinbreitbach
Printed in Germany
ISBN 978-3-12-927387-6

Inhaltsverzeichnis

Vorwort

Hallo!

Wie ist das bei dir? Blickst du bei der Zeichensetzung auch oft nicht so richtig durch? Und du weißt gar nicht, wie du lernen sollst?

Keine Sorge, Komma, Anführungszeichen, Doppelpunkt und die anderen Satzzeichen kannst du mit diesem Heft wunderbar üben. Unser Tipp: Lerne nicht alles an einem Tag. Übe lieber jeden Tag 10 Minuten!

Das geht superschnell und du übst trotzdem intensiver als sonst. Die kleine Stoppuhr  erinnert dich daran: besser kleine Lernportionen!

In diesem Heft findest du über 80 Übungen, mit denen du die verschiedenen Satzzeichen trainieren kannst. In den Kästen bekommst du wichtige **Tipps** zu den Übungen. Leichtere Übungen haben ein Sternchen ★☆ und etwas schwerere Übungen haben zwei Sternchen ★★. Beginne am besten mit den leichteren!

Hinten im Buch findest du die Lösungen zu den Übungen.

Wir wünschen dir viel Erfolg!

Deine Klett Lerntraining-Redaktion

Immer nur 10 Minuten!

1 Einfache Sätze

Satzschlusszeichen bei Ganzsätzen

Tipp

Einen vollständigen Satz muss man als Einheit erkennen können. Du hättest sonst große Schwierigkeiten beim Lesen eines Textes. Man beginnt einen Satz mit einem großen Buchstaben und schließt ihn mit einem Satzschlusszeichen (Punkt, Ausrufezeichen, Fragezeichen) ab.

1 ★☆ **Huch, hier sind die Schlusspunkte der Sätze verschwunden. Füge sie ein! Und schreibe auch die Satzanfänge groß. Streiche einfach den ersten Buchstaben der Wörter durch und schreibe ihn groß darüber.**

Jona geht heute nicht zur Schule er liegt krank im Bett seit gestern Abend hat Jona Fieber vielleicht hat er die Grippe einige Kinder aus seiner Klasse hatten letzte Woche auch die Grippe Jona langweilt sich er hat Kopfschmerzen er kann weder lesen noch fernsehen Jona schläft viel hoffentlich ist er bald wieder gesund

2 ★☆ **Auch hier sind die Schlusspunkte verloren gegangen. Füge sie ein und schreibe die Satzanfänge groß.**

Benny ist ein Golden Retriever er ist seit zwei Jahren mein Begleiter ich habe ihn als Welpen bekommen die Lebenserwartung eines Golden Retrievers liegt bei etwa fünfzehn Jahren er hat also noch viele Jahre vor sich ursprünglich stammen Golden Retriever aus Großbritannien sie sind besonders intelligent sie werden oft als Apportier- oder Jagdhunde verwendet

Tipp

Satzschlusszeichen

1. Mit dem Punkt kennzeichnet man den Schluss eines Ganzsatzes. Mann nennt ihn auch Aussagesatz.
   Beispiel: *Gestern hat uns Tante Luise besucht.*
2. Mit dem Ausrufezeichen gibt man dem Inhalt eines Ganzsatzes einen besonderen Nachdruck. Das Ausrufezeichen kennzeichnet einen Aufforderungssatz.
   Beispiel: *Vergiss nicht das Licht zu löschen!*
3. Mit dem Fragezeichen wird ein Fragesatz gekennzeichnet.
   Beispiel: *Darf ich dich einmal besuchen?*

3 ★☆ **Schreibe folgenden Telegrammtext auf und setze die entsprechenden Zeichen am Ende eines Satzes.**

HEUTE GING DIE BESTELLTE SENDUNG AB DIE ZUSTELLUNG ERFOLGT PER BAHNFRACHT BITTE VORSICHT BEIM AUSPACKEN BEACHTEN SIE DABEI DIE BEIGEFÜGTE ANLEITUNG TRANSPORTSCHÄDEN SIND INNERHALB VON DREI TAGEN NACH ERHALT ZU MELDEN WANN DÜRFEN WIR MIT IHRER NÄCHSTEN BESTELLUNG RECHNEN

4 ★☆ **Bestimme jeweils, ob es sich um einen Aussage-, Frage- oder Aufforderungssatz handelt.**

a) Morgen beginnen die Ferien. = ______________________

b) Lasst die Katze in Ruhe! = ______________________

c) Warum ist die Banane krumm? = ______________________

d) Mach bitte das Fenster auf! = ______________________

e) Wale sind Säugetiere. = ______________________

f) Woraus besteht Glas? = ______________________

5 ★☆ **Setze die richtigen Satzschlusszeichen.**

a) Putz dir die Nase ☐

b) Wie viel Arbeitsspeicher hat dein Computer ☐

c) Der Orang-Utan verbringt die meiste Zeit auf Bäumen ☐

d) Lassen Sie die Waffe fallen ☐

6 ★☆ **In den folgenden Aussagesätzen sind bestimmte Informationen hervorgehoben. Bilde dazu jeweils einen Fragesatz.**

a) Im Teutoburger Wald stehen sehr alte Bäume.

____

b) Manche Bäume sind über dreihundert Jahre alt.

____

c) Unter einer mächtigen Eiche machen die Kinder ein Picknick.

____

7 ★☆ **Überlege, um welche Satzart es sich jeweils handelt und trage die richtigen Satzschlusszeichen ein.**

a) Nehmen Sie bitte Platz ___

b) Warum kommst du denn nicht mit zum Badesee ___

c) Tübingen ist eine Stadt in Baden-Württemberg ___

d) Hast du meine Mail gelesen ___

Tipp

Eine Anrede trennt man mit einem Komma vom Rest des Satzes ab.

8 ★★ **Setze die fehlenden Kommas in folgenden Sätzen.**

- Sehr geehrter Herr Müller
  ich freue mich sehr, mit Ihnen Geschäfte zu machen.
- Heike kannst du bitte mal kommen?
- Lieber Horst
  endlich habe ich Zeit, dir zu schreiben.

9 ★★ **Setze auch hier die fehlenden Kommas.**

Ach das ist aber schön.

Oh da bin ich aber erstaunt.

Ah tut das weh! Igitt ist das eklig!

10 ★★ **Wo fehlt das Komma?**

Wenn ein Buch zu Ende geht

und ein letztes Wort dort steht,

setze einen Punkt ich noch.

Ach was hab gelernt ich doch!

Aufzählungen

Tipp

Wenn du mehrere gleichrangige Wörter oder Wortgruppen aufzählst, trennst du sie mit einem Komma voneinander ab:
Auf ihrer Wanderung sahen sie Rehe, Wildenten, Igel.

Wenn du die Aufzählung durch Bindewörter (Konjunktionen) wie *und, oder, sowie* verbindest, setzt du kein Komma:
Auf ihrer Wanderung sahen sie Rehe, Wildenten und Igel.

Diese Regeln gelten für Attribute, Prädikate, adverbiale Bestimmungen und Subjekt opder Objekt

11 ★☆ **Setze die fehlenden Satzzeichen und füge geeignete Wörter ein.**

a) Es regnete blitzte ____________ donnerte.

b) Bei der Feier gab es Apfelsaft Orangensaft ____________ Wasser.

c) Wir räumten auf machten die Betten ____________ fegten den Boden.

d) Im Urlaub will sie faulenzen Bücher lesen im Meer schwimmen ____________ vielleicht noch tauchen lernen.

e) Meine Eltern meine Oma ____________ meine Schwester haben mir einen neuen Schulrucksack geschenkt.

f) Am ersten Tag nach den Ferien haben wir Englisch Deutsch Erdkunde ____________ Mathe.

g) Am Wochenende freue ich mich aufs Schwimmen Lesen ____________ aufs Faulenzen.

h) Für das Turntraining packe ich meine Sportkleider Turnschläppchen etwas zu trinken einen Apfel ____________ einen kleinen Schokoriegel ein.

12 ★☆ **Setze die fehlenden Kommas.**

Nach einem langen heißen Sommer freut sich Kerstin nun auf den Herbst und auf den Winter. Zu Halloween wird sie mit Kathi Mareike und Hannes in der Nachbarschaft von Tür zu Tür gehen. Sie haben sich dann als Geister Gespenster oder Hexen schauerlich verkleidet. Und natürlich hoffen sie auf allerlei Gaben: Schokoriegel oder Kaugummi Gummibärchen oder Lakritze. Später beginnt dann die hoffentlich ruhige gemütliche Adventszeit. Sie wird ihrer Mutter beim Plätzchenbacken Kerzenziehen und Auswählen der Geschenke helfen. Schließlich kann man sich dann auch auf die Ferien den Heiligen Abend und die Weihnachtstage freuen. Ihre Wunschliste ist schon lang: Ein Computerspiel ein neuerSchulrucksack und ein Tagebuch stehen dort ganz oben.

Tipp

Hier noch ein paar Beispiele zur Kommasetzung:

Subjekte oder Objekte

Eva, Kristina und Sarah wanderten bei Sonnenaufgang los.
(Aufzählung mehrerer Subjekte)
Sie sahen Rehe, Wildenten, Igel.
(Aufzählung mehrerer Objekte)

Prädikate

In den kurzen Pausen aßen, tranken und lasen sie ein bisschen.

Adverbiale Bestimmungen

Sie wanderten über Felder, durch dichtes Gestrüpp, an Bächen entlang.

Attribute

Eva hatte nur noch etwas warme, süße Limonade.

13 ★★ **Erweitere die Sätze durch passende Aufzählungen verschiedener Satzglieder oder Attribute. Trage die Sätze mit den richtigen Kommas in dein Trainingsheft ein.**

Beispiel: Pferde brauchen einen Stall. (Ergänze zwei Subjekte.)

Pferde, Schweine und Kühe brauchen einen Stall.

a) Ergänze zwei Subjekte. (Achte auch auf das Prädikat!)

Jugendliche lieben die Ferien.

b) Ergänze zwei Prädikate.

Der Affe klettert das Seil hinauf.

c) Ergänze zwei Objekte.

Auf dem Land gibt es Kühe.

d) Ergänze zwei adverbiale Bestimmungen

Wasser fließt in Bächen.

e) Ergänze drei Attribute.

Ich wünsche mir ein Pferd.

14 ★★

Da fehlt doch was! Füge die fehlenden Kommas ein.

Zur Bambi-Verleihung strömen sie wieder alle zusammen: die Filmstars Sängerinnen Sänger Models Sportler Modemacher und Musiker. Und wie sie wieder alle glänzen glittern glitzern. Wow! Da freuen sich außer dem Gold-Kitz Bambi sicherlich auch die vielen Zuschauer vor den Bildschirmen die Gäste in der Halle und die Fans draußen vor der Halle.

15 ★★

Auch hier fehlen die Kommas. Füge sie ein.

Na und? Das hätte ich dir gleich sagen können. Zu dieser Megashow werden nur Leute mit viel Geld Erfolg und gutem Aussehen eingeladen. Da musst du einfach schon im Filmgeschäft in der Musikbranche und eventuell auch in der Politik berühmt und bekannt sein. Bist du nicht? Na und? Dann mach doch ganz einfach deine eigene coole und lässige Party. Einladen kannst du ja Leute aus deinem Freundeskreis deiner Clique deiner Nachbarschaft und deiner Familie. Einen Star und Bambi-Gewinner hast du auf jeden Fall schon: mich.

Tipp

Vergiss nicht:
Für Aufzählungen gilt auch: kein Komma vor *oder, sowie, beziehungsweise, weder … noch.*

16 ★★

Finde die falschen Kommas und kreise sie ein.

Eine eigene Party, oder Show? Das hört sich gut an. Aber wie stellst du dir das vor? Weder kenne ich so viele Leute, noch weiß ich einen guten oder günstigen Partykeller. Außerdem würden meine Eltern, die absolute Partymuffel sind, darüber sicherlich nicht sehr happy, beziehungsweise begeistert sein. Mit der Glitzerwelt und dem Star-Glamour können sie nicht viel anfangen. Sie erlauben mir ja noch nicht mal ab und zu etwas Lippenstift, Lidschatten, oder Glitzernagellack.

17 ★★ **Hier ist einiges durcheinandergeraten. Ordne die Sätze und setze Kommas, wo nötig.**

a) Chips Flips Kekse muss ich Kuchen Brot Käse und Wurst einkaufen Zum Essen.

b) Zum Trinken Cola Fanta Malzbier besorge ich Wasser Apfelsaft Orangensaft und.

c) oder frage ich entweder den Hausmeister der Schule Für den Partyraum im Jugendzentrum nach.

d) sein Kumpel Die CD's sicherlich mein Bruder sowie mein Cousin spielen ab.

e) Für einen richtigen DJ die nötigen Beziehungen habe weder Geld noch ich.

f) dies und das sitzen zusammen essen und erzählen alle

g) auf den Tisch und einen Teller stelle ich eine Tasse eine Kanne

h) nach Ferien sehnt sich sonnigen langen erlebnisreichen und Adrian

2 Satzreihe und Satzgefüge

Satzreihe

Tipp

Werden mehrere Hauptsätze miteinander verbunden, spricht man von einer Satzreihe. Die Hauptsätze in einer Satzreihe trennst du durch Kommas voneinander ab:
Merle las beim Licht ihrer Taschenlampe, Tanja ließ sich von ihrem MP3-Player einlullen, Luzie schlief schon tief und fest.

1 ★☆ **Wo fehlen hier die Kommas? Trage sie ein.**

Tom und Nele fanden ihre Plätze genial sie saßen in der hintersten Reihe und konnten prima auf die Leinwand sehen. Der Film sollte total spannend sein das hatten alle aus ihrer Klasse erzählt. Aber was war das? Da setzten sich doch nach der Werbung zwei Riesen direkt vor sie holten kurz darauf ihre Popcorntüten heraus und schmatzten los. Nele und Tom hatten schnell die Nase voll sie würden sich nie mehr die hinterste Reihe aussuchen.

2 ★☆ **Mehrere aufeinanderfolgende Hauptsätze können durch einen Punkt oder durch ein Komma voneinander getrennt werden. Unterstreiche in jeder Zeile den zweiten Hauptsatz.**

a) Anja spielt Flöte, Johannes spielt Klavier.

b) Die Kinder werden leiser, der Unterricht beginnt.

c) Ute freut sich auf Weihnachten, Hans mag Ostern lieber.

d) Wiebke kennt sich in Stuttgart nicht aus, sie kommt aus Hamburg.

e) Anna-Maria mag Hunde, sie hat aber trotzdem keinen Hund.

f) Petra macht Hausaufgaben, Pia ist schon damit fertig.

g) Sonja zieht sich warm an, sie geht nach draußen.

h) Jessica liebt Blumen, sie kauft gerade einen Strauß.

i) Marc liest, sein Bruder hört Musik.

3 ★☆ **Mache aus den beiden Hauptsätzen der Satzreihe zwei einzelne Sätze.**

a) Josef geht einkaufen, Sybille deckt den Tisch.

____

____

b) Jan spielt Fußball, Torben rudert im Verein.

____

____

Tipp

Einen Hauptsatz erkennst du daran, dass er allein stehen kann und ohne einen weiteren Satz sinnvoll und grammatisch vollständig ist.

4 ★☆ **Verbinde die zwei kurzen Sätze zu einem, indem du ein Komma an die richtige Stelle setzt.**

a) Kerstin macht Judo. Lars macht Karate.

____

____

b) Jenny liest Krimis. Verena mag Liebesgeschichten.

____

____

c) Karin macht Pizza. Pat backt einen Kuchen.

____

____

5 ★☆ **Der folgende Satz besteht aus vielen Sätzen. Finde heraus, wo die einzelnen Sätze enden und setze die Schlusspunkte im Text. Denke auch an die Großschreibung am Satzanfang.**

Konstanze schlenderte unachtsam den Gehweg entlang, da stolperte sie auch schon über einen Gegenstand, sie fiel und verletzte sich, der Krankenwagen kam, er brachte sie in das nächstgelegene Krankenhaus, dort wurde sie behandelt.

6 ★★ **Verbinde die Sätze zu einer Satzreih e.**

Beispiel: Nele und Tom mussten immer wieder die Hälse recken. Zwei große Jungs saßen im Kino direkt vor ihnen. (weil)

Nele und Tom mussten immer wieder die Hälse recken, weil zwei große Jungs im Kino direkt vor ihnen saßen.

a) Nele und Tom wollten sich nie mehr in die hinterste Reihe setzen. Auf Kino wollten sie nicht verzichten. (aber)

____

____

b) Mit Cola und Popcorn versorgten sie sich für den nächsten Film. Sie kauften sich Karten für die vorderen Plätze. (und)

____

____

c) Leider war der Film total langweilig. Sie ließen sich ihre gute Laune nicht verderben. (doch).

____

____

Tipp

Hauptsätze kannst du auch durch Bindewörter (Konjunktionen) miteinander verknüpfen. Dann steht vor den Wörtern *aber, doch, jedoch, vielmehr, sondern* immer ein Komma:

Merle hätte den anderen gerne noch etwas aus ihrem Buch vorgelesen, doch Tanja und Luzie waren schon viel zu müde.

Werden zwei Hauptsätze mit *und, oder, sowie, beziehungsweise, entweder – oder, weder – noch* verbunden, kannst du ein Komma setzen. Oft wird dadurch die Gliederung des Satzes deutlicher:

Merle las beim Licht ihrer Taschenlampe (,) und Tanja ließ sich von ihrem MP3-Player einlullen.

7 ★★ **Verknüpfe die Hauptsätze zu einer Satzreihe. Verwende dabei eine der vorgegebenen Konjunktionen und entscheide, ob du ein Komma setzen musst oder nicht.**

denn – sondern – aber – oder – doch – und

a) Björn mäht den Rasen _______________ Max harkt den Grasschnitt zusammen.

b) Karin stand heute sehr früh auf _______________ sie wollte den Sonnenaufgang beobachten.

c) Marc bringt nie ein Pausenbrot mit _______________ er kauft sich lieber ein Sandwich beim Bäcker.

d) Christian lief persönliche Bestzeit im 110-m-Hürdensprint _______________ Giovanni war zwei Zehntelsekunden schneller im Ziel.

e) Kommst du heute Nachmittag mit ins Schwimmbad _______________ musst du für die Mathearbeit üben?

f) Ruth und Irina erzählen den neuesten Klatsch _______________ Sarah kennt die Geschichten über Carsten und Maike schon.

8 ★★ **Bilde mithilfe der Stichworte Satzreihen mit passenden Bindewörtern (Konjunktionen). Achte auf die richtige Kommasetzung.**

Beispiel: Zwei Freundinnen zum Mond fliegen – viele Fotos schießen – sich dort langweilen

Zwei Freundinnen fliegen zum Mond, sie schießen viele Fotos, aber sie langweilen sich dort.

a) andere Kinder nicht kennen lernen – neue Städte nicht besichtigen können

____

____

b) nur im Raumschiff faulenzen – im Mondgeröll herumlaufen

____

____

c) Auf dem Mond kalt sein – heftige Stürme

____

____

d) In den ersten Tagen kein einziges Lebewesen sehen – eines Tages den berühmten Mann im Mond finden

____

____

e) Der Mann im Mond den Mond auch nicht lieben – gerne mit zur Erde fliegen wollen

____

____

9 ★★ **In den folgenden Satzreihen fehlen die Kommas. Setze sie ein!**

Carla stand an der Ecke. Schon ewig wartete sie auf Jonathan er musste doch kommen. Eigentlich war er immer pünktlich manchmal nervte er die anderen deswegen sogar. Der nächste Bus kam an viele Menschen stiegen ein und aus. Carla konnte Jonathan aber nicht unter ihnen erkennen. Dann kam ein Junge mit Kappe und brauner Lederjacke um die Ecke war das Jonathan? Carla reckte den Hals sie blickte an den anderen Fahrgästen vorbei. Aber es war nicht Jonathan er hatte ja nicht solch hellblonde Haare.

10 ★★ **Setze auch hier die nötigen Kommas.**

Nele schlug das Buch auf. Sie ging das Inhaltsverzeichnis durch danach blätterte sie einmal durch das Buch und dann begann sie zu lesen. Nach ein paar Absätzen holte sie Stift und Lineal hervor sie wollte sich einiges unterstreichen. Ein paar Minuten später nahm sie einen Block zur Hand denn sie wollte sich einige Informationen notieren. Zunächst ging die Arbeit langsam voran schließlich gab es viel Wissenswertes aufzuschreiben. Doch nach einiger Zeit ging ihr die Arbeit leichter von der Hand und bald blickte Nele zuversichtlich auf die nächste Klassenarbeit.

Satzgefüge

11 ★☆

Ergänze den Hauptsatz um einen Nebensatz.

a) Ina bleibt heute zu Hause, da ______________________________
(sich krank fühlen)

b) Johanna räumt auf, obwohl ______________________________
(keine Lust haben)

c) Jennifer kam nach Hause, als ______________________________
(Gerd: Küche putzen)

d) Julia beeilt sich, damit ______________________________
(nicht zu spät kommen)

e) Frederik hofft, dass ______________________________
(das Spiel gewinnen)

f) Alina geht, weil ______________________________
(die Party nicht gefallen)

Tipp

Als Nebensätze werden Sätze bezeichnet, die nicht für sich alleine, sondern nur in Verbindung mit einem Hauptsatz stehen können. Eine solche Verbindung aus Hauptsatz und Nebensatz nennt man Satzgefüge. In einem Satzgefüge findest du meistens im Hauptsatz auch die Hauptaussage, der Nebensatz teilt wichtige Zusatzinformationen mit.

In einem Satzgefüge erkennst du den Nebensatz
1. an der Konjunktion, die ihn einleitet und
2. daran, dass er mit der konjugierten Verbform endet.

Konjunktionen, die einen Nebensatz einleiten, bezeichnet man als unterordnende Konjunktionen (weil, als, während, nachdem, obwohl).

Hauptsatz und Nebensatz eines Satzgefüges werden durch Komma voneinander getrennt:
Thea geht nicht mit ins Kino, weil sie länger arbeiten muss.

12 ★☆ **Welche Aussagen sind richtig?**

a) Nebensätze sind Hauptsätze, die neben anderen Hauptsätzen stehen.

b) Nebensätze werden durch ein Komma vom Hauptsatz abgetrennt.

c) Nebensätze werden durch ein Komma von anderen Nebensätzen abgetrennt.

d) Nebensätze sind unwichtig.

e) Bei Nebensätzen steht das konjugierte Verb am Ende.

f) Nebensätze werden durch einen Punkt vom Hauptsatz abgetrennt.

g) Nebensätze können nicht allein stehen.

h) Nebensätze sind mit einer Konjunktion mit anderen Sätzen verbunden.

Diese Aussagen sind richtig: ______________________________________

13 ★☆ **Unterstreiche den Nebensatz.**

a) Im Sommer ist es heiß, sodass viele Menschen ins Schwimmbad gehen.

b) Weil das Wetter so schön ist, gehen viele Menschen ins Schwimmbad.

c) Obwohl es regnet, sind heute viele Menschen draußen.

d) Es regnet, sodass die meisten Menschen nach Hause gehen.

e) Es ist der Regen, der die Menschen nach Hause treibt.

14 ★☆ **Unterstreiche die Konjunktion, die den Hauptsatz mit dem Nebensatz verbindet.**

a) Thore ruft bei seinem Freund an, weil er mit ihm spielen möchte.

b) Marius bleibt zu Hause, weil er auf einen Anruf wartet.

c) Karla beeilt sich, damit sie den Bus noch bekommt.

d) Anke schreibt, bis ihr die Finger glühen.

e) Meine Schwester will sich ein Schiff kaufen, obwohl sie seekrank ist.

15 ★☆ **Unterstreiche das konjugierte Verb des Nebensatzes.**

a) Norbert macht sich Sorgen, obwohl er das nicht müsste.

b) Sonja lernt, obwohl sie den Stoff längst beherrscht.

c) Katja ruft ihren Hund, damit er kommt.

d) Christoph spielt Tischtennis, als seine Mutter ihn ruft.

e) Hanna geht dort spazieren, wo die Krokusse blühen.

f) Berta fand einen seltenen Edelstein, als sie in Nordengland in Urlaub war.

16 ★☆ **Unterstreiche im folgenden Text die Hauptsätze. Markiere anschließend die beiden Merkmale, an denen du die Nebensätze erkennst.**

Als er neun Jahre alt war, schwor Hannibal den Römern ewige Feindschaft. Zwischen Rom und Karthago kam es zum Krieg, nachdem Hannibal mit seinem Heer in Spanien den Fluss Ebro überschritten hatte. Obwohl der Winter nahte, überquerte Hannibal mit seinem Heer und 37 Kriegselefanten die verschneiten Alpen und drang nach Italien vor. Nachdem er bei Cannae ein großes römisches Heer geschlagen hatte, stand Hannibal kurz vor dem Gesamtsieg. Dennoch siegten am Ende die Römer, weil Hannibal zu wenig Hilfe aus der Heimat bekam.

17 ★☆ **Nicht immer stehen Hauptsatz und Nebensatz nebeneinander. Oft wird der Hauptsatz getrennt und der Nebensatz eingeschoben. Dieser wird dann mit zwei Kommas vom Hauptsatz abgetrennt. Unterstreiche den Nebensatz.**

Peter kommt, da es ihm heute zu heiß ist, erst später zur Grillparty.

Anja sieht den Baum, von dem sie letztes Jahr Äpfel geerntet hat, vor ihrem Fenster.

Carina hat, obwohl sie eigentlich keine Zeit hat, die Wohnung geputzt.

Andrea kocht, als ihr Mann nach Hause kommt, gerade eine Suppe.

Josefine ruft, damit es auch ja alle hören, laut aus dem Fenster.

Ralf liebt, obwohl er fast taub ist, noch immer die Musik.

18 ★☆ **Setze vor und hinter die Nebensätze die fehlenden Kommas.**

a) Eulenspiegel wurde von seinen Eltern nachdem er gerade geboren worden war in einen anderen Ort zur Taufe getragen.

b) Die Amme die den kleinen Eulenspiegel trug musste über einen Steg gehen.

c) Die Amme aber stürzte dabei weil sie zu viel Bier getrunken hatte in den Bach.

d) Der kleine Eulenspiegel war nun nachdem die Amme ihn aus dem Bach gefischt hatte schon zum zweiten Mal getauft.

e) Der kleine Kerl musste aber nun weil er von oben bis unten verdreckt war sauber gewaschen werden.

f) Er wurde von einigen Frauen die einen Kessel mit Wasser gefüllt hatten gründlich gewaschen.

g) Diese dritte Taufe mit der unser armer Eulenspiegel versehen wurde machte aus ihm bestimmt einen ganz besonderen Menschen.

h) Eulenspiegel brachte viele Leute indem er dauernd Streiche spielte gegen sich auf und weckte Rachegedanken bei ihnen.

Tipp

In einem Satzgefüge erkennst du den Nebensatz an der einleitenden Konjunktion und an dem konjugierten Verb, mit dem er endet.

19 ★☆ **Zerteile die Sätze, indem du die Kommas an die richtigen Stellen setzt.**

a) Tobias macht keine Hausaufgaben weil er lieber spielen möchte.

b) Carl beeilt sich damit er seine Oma besuchen kann.

c) Kati lässt sich nicht aus der Ruhe bringen obwohl es schon so spät ist.

20 ★☆ **Setze die Kommas.**

Laura macht Ferien auf dem Bauernhof denn Laura mag die frische Landluft die Tiere und die Arbeit im Stall. Laura geht obwohl es dort nicht besonders gut riecht gerne zu den Kühen. Sie hält sich dort ganz besonders gerne auf wenn die Kühe Kälbchen haben. Manche Kälbchen lassen sich sogar streicheln damit sie Laura die Hand abschlecken können. Nachdem die Arbeit im Stall getan ist macht Laura ausgiebige Spaziergänge. Wenn sie die Wege entlanggeht kann sie oft brütende Vögel sehen die aber scheu davonfliegen. Ein Tag auf dem Bauernhof ist aber auch anstrengend sodass Laura abends müde ins Bett fällt. Sie freut sich aber auf den nächsten Tag da es auf einem Bauernhof nie langweilig wird. Damit Laura im nächsten Jahr wieder Ferien auf dem Bauernhof machen kann fängt sie jetzt schon an zu sparen. Sie hofft dass sie auch noch Geld von ihren Großeltern für die nächsten Ferien bekommt.

21 ★☆ **Lass dir den folgenden Text von jemandem diktieren.**

Ralf, Tobias, Christiane und Linda gehen gemeinsam in eine Klasse. Sie erzählen sich, was sie später werden wollen und was sie jetzt schon dafür tun.

Damit er später Polizist werden kann, übt sich Ralf jetzt schon im Lesen von Fingerabdrücken. Tobias hingegen zählt regelmäßig sein Taschengeld, damit er später ein guter Bankkaufmann wird. Christiane möchte Kraftfahrzeugmechanikerin werden, sodass sie sich sehr für Autos interessiert. Linda, die schon immer sehr kreativ war, möchte Malerin werden. Weil es so schön ist, sich die Zukunft vorzustellen, träumen alle Kinder noch ein bisschen weiter.

22 ★★ **Ergänze mithilfe der Konjunktionen die folgenden Teilsätze so, dass sinnvolle Satzgefüge entstehen. Vergiss das Komma nicht!**

a) Sie blieb im Bett, _zumal_ (zumal, sowie, trotzdem) sie Fieber hatte.

b) ___________ (aber, weil, wie) eine Baustelle eingerichtet wird, gibt es eine Umleitung.

c) Er ließ das Radio so laut laufen ___________ (ob, was, dass) sich die Nachbarn aufregten.

d) Es regnete so stark ________________ (sodass, welcher, während) das Fußballspiel ausfiel.

e) ________________ (deshalb, seitdem, obwohl) er krank war verlor er an Gewicht.

f) Er tat alles ______________________ (falls, auch wenn, ohne dass) er Erfolg hatte.

g) ________________ (wenn, obschon, und) er mit ihr sprach wurde er immer ganz rot.

h) Sie hörte Musik ________________ (dann, ohne, während, seit) mit Bügeln aufzuhören.

i) ________________ (wenn, wobei, obwohl) er sich sehr beeilte kam er nicht zurecht.

j) Sie kommt heute noch vorbei ______________________ (sofern, falls, außer wenn) es zu spät ist.

k) ___________ (weil, dass, als) er den Beschluss durchsetzen konnte ging auf seinen Einfluss zurück.

l) ______________________ (je – umso, je – desto, ohne dass) mehr er

sich um sie bemühte ______________________ (je – umso, je – desto, ohne dass) abweisender wurde sie.

23 ★★ **Bilde aus den vorgegebenen Satzfetzen zwei Sätze nach dem Muster *Hauptsatz, Nebensatz.***

obwohl/Kerstin geht ins Training/Anna beeilt sich/weil/sie keine Lust hat/es regnet

24 ★★ **Bilde aus den vorgegebenen Satzfetzen zwei Sätze nach dem Muster *Nebensatz, Hauptsatz.***

Karsten wünscht sich neue Fußballschuhe/da/in einer Band spielen will/weil/seine alten zu klein sind/Kai lernt Schlagzeug

25 ★★ **Bilde aus den vorgegebenen Satzfetzen zwei Sätze nach dem Muster *Hauptsatz, Nebensatz, Hauptsatz.***

Paul/kann/er ihr bei den Hausaufgaben hilft/Tina ruft/damit/Jens an/gut Skateboard fahren/obwohl er wenig übt

26 ★★ **Verbinde die Satzpaare mit den Konjunktionen zu einem Satzgefüge.**

Carla ärgerte sich. Jonathan verspätete sich. (denn)

Sie schrie auf vor Schreck. Jemand hielt ihr plötzlich die Augen zu. (als)

Sie würde laut schreien. Das war nicht Jonathan. (wenn)

Carla zog die Hände von ihren Augen. Sie konnte ihr Gegenüber erkennen. (sodass)

Sie lachte laut auf. Es war doch Jonathan. (denn)

Carla atmete tief durch. Sie hatte sich ziemlich erschreckt. (weil)

27 ★★ **Fülle die Lücken mit den passenden Konjunktionen.**

nachdem | weil | sodass | denn | obwohl | damit | indem | schließlich

Das ist heute ein Spieltag der Emotionen. Rundmann spielt aggressiv, ______________ er sich den Frust vom letzten verlorenen Spiel wegschießt. Ecker geht auf jeden Ball zu, ______________ die Gegner schon zittern. Und ______________ Spinner gerade erst seine Knieverletzung überstanden hat, tänzelt er gekonnt um die Abwehrspieler. Die Fans sind begeistert. ______________ Schießer noch zwei Bälle ins Tor setzt, johlt das Publikum. Gegen Ende wird es noch einmal knapp: Fast gelingt es einem der gegnerischen Stürmer, an der Abwehr vorbeizuziehen, ______________ die wähnt sich schon fast im Endspiel. Aber Inn und Vertei schaffen es, den Angriff abzuwehren, ______________ sie vollen Körpereinsatz zeigen.

Zum Schluss dreht die Siegermannschaft noch eine Ehrenrunde, ______________ ihre Fans sie ausgiebig bejubeln können. In der Kabine gibt es eine ausgelassene Party, ______________ ist es ein überragender Sieg.

28 ★★ **Verwandle die beiden Hauptsätze jeweils in ein Satzgefüge, in dem einer der beiden zum Nebensatz wird. Achte auf das passende Wort, mit dem du den Nebensatz einleitest, und auf die richtige Zeichensetzung.**

Beispiel: Ein Junge wurde Rotschöpfchen genannt. Er hatte rote Haare.

Ein Junge wurde Rotschöpfchen genannt, weil er rote Haare hatte.

a) Rotschöpfchen hatte keine Freunde bei den Menschen. Er floh oft in den Wald zu den Tieren.

____

____

b) Der Wolf ist eigentlich ein Fleischfresser. Er wurde der beste Freund von Rotschöpfchen.

____

____

c) Der Vater hatte diese Freundschaft herausgefunden. Er bestrafte Rotschöpfchen dafür mit Hausarrest.

____

____

d) Der Wolf hatte Mitleid mit Rotschöpfchen. Er half ihm zu fliehen.

____

____

e) Die Großmutter war verärgert über Rotschöpfchens Eltern. Sie nahm den Wolf und Rotschöpfchen bei sich auf

____

____

29 ★★ **Verbinde Satz 1 und 2 jeweils durch eine sinnvolle Konjunktion! Dabei kommt es beim Gliedsatz zu Umstellungen. Schreibe die Sätze auf.**

Beispiel: *Die Katze klettert auf den Baum, da sie verfolgt wird.*

Satz 1	Konjunktion	Satz 2
Die Katze klettert auf den Baum.	da / dass /	Sie wird verfolgt.
Er läuft durch den finsteren Wald.	nachdem /	Er fürchtet sich.
Peter weint.	ob / obwohl /	Er hat sich das Knie verletzt.
Tina geht in die Schule.	sodass /	Sie hat Kopfweh.
Christine geht zum Arzt.	während / weil /	Sie fühlt sich krank.
Klaus hofft.	wenn / wie	Er verpasst den Zug nicht.

30 ★★ **Verbinde die Satzpaare durch die angegebenen Konjunktionen.**

a) Die Spieler von Pechvogel 04 verließen mit hängenden Schultern den Platz. Sie hatten schon wieder eine Pleite kassiert. (weil)

b) Der Erhalt der Klassenliga war hiermit beendet. Sie hatten sich so bemüht. (obwohl)

c) Der Trainer kritisierte. Sein Verein gab zu wenig Geld für gute Spieler aus. (dass)

d) Die Fans waren am Boden zerstört. Ihr Verein würde nun absteigen. (schließlich)

e) Die generische Mannschaft ließ ihren Trainer hochleben. Sie fuhren mit dem Mannschaftsbus nach Hause. (als)

Relativsätze

31 ★★ **Bilde aus den folgenden Satzpaaren jeweils einen Satz mit eingeschobenem Relativsatz.**

a) Das Hochhaus steht am Stadtrand. Es ist 36m hoch.

____

____

b) Das Buch ist interessant. Noah liest es gerade.

____

____

c) Der Ballon gewinnt an Höhe. Er trägt bunte Reklame.

____

____

d) Das Auto wird repariert. Es ist gestern stehengeblieben.

____

____

Tipp

Wenn in einem Satzgefüge ein Gliedsatz eingeschoben und durch ein Relativpronomen eingeleitet wird, spricht man von einem eingeschobenen Relativsatz.

Beispiel: *Das Haus, das einen grünen Anstrich hat, gehört meiner Tante.*

Du erkennst Relativsätze an den Relativpronomen (der, die, das, welcher, welche, welches; manchmal mit Präposition) oder an den Relativadverbien (wo, wie, wohin, woher, wodurch, wer, was).

Das Buch, über das / worüber wir gestern gesprochen haben, habe ich mir eben gekauft.

32 ★★ **Bilde ein Satzgefüge, indem du dem unterstrichenen Nomen einen Relativsatz beifügst.**

Beispiel: Der Siegeshausener Tennisclub, der sehr beliebt ist, eröffnete die Saison.

Der Siegeshausener Tennisclub, der sehr beliebt ist, eröffnete die Saison

a) Die Eröffnung begann mit einem Turnier der Minis (sie fand am 1. Mai statt).

____

b) Der Höhepunkt war das Match ehemaliger Profis (sie waren extra angereist).

____

c) Man konnte die Spannung förmlich spüren (sie breitete sich auf den Rängen aus).

____

d) Zum Schluss gaben die Profis noch einige Tipps an den Nachwuchs weiter (er ist sehr zahlreich).

____

____

33 ★★ **Kommas erleichtern das Lesen, denn diese Sätze lassen sich ohne Kommas kaum verstehen. Trenne die Satzschlangen, indem du die Kommas einfügst.**

Frieder der das Tennismatch das in Siegeshausen ausgetragen wurde gewonnen hatte wurde beim Verlassen des Platzes auf den die Sonne knallte von seinem Gegner der sehr wütend war angerempelt.
Die Schiedsrichterin die sich schon einen Sonnenbrand der sehr heftig war geholt hatte verwies ihn deshalb des Platzes. Die Zuschauer die die Entscheidung unterstützten buhten den Spieler der keine Fairness gezeigt hatte aus.

3 Wörtliche Rede

Tipp

Durch die wörtliche Rede wird ein Text anschaulich. Was wörtlich wiedergegeben wird, musst du durch Anführungszeichen kennzeichnen („…“). Oft steht bei der wörtlichen Rede ein Begleitsatz. Hier sind drei Fälle zu unterscheiden:

1. Der Begleitsatz ist vorangestellt. Nach dem Begleitsatz steht ein Doppelpunkt.
   Beispiel: *Die Mutter rief: „Komm schnell zu mir!“*
2. Der Begleitsatz ist nachgestellt. Dabei wird der Begleitsatz durch ein Komma abgetrennt.
   Beispiel: *„Ich komme nicht vom Baum herunter!“, rief Tanja.*
3. Der Begleitsatz ist eingeschoben. Dabei wird der Begleitsatz vorn und hinten durch ein Komma abgetrennt.
   Beispiel: *„Ich komme“, rief Tanja atemlos, „nicht vom Baum herunter!“*

1 ★☆ **Setze die fehlenden Zeichen bei den wörtlichen Reden.**

a) ___Kannst du mir bei den Mathe-Aufgaben helfen ___ bat Luca.

b) ___Bestimmt können wir nachher noch zum Badesee gehen___ sagte Pit. ___ Das schaffen wir nicht___ widersprach Melanie___ wir müssen doch unsere Gartenparty noch vorbereiten___

d) ___Vorsicht, hier geht's steil bergab___ rief Luca den anderen zu.

c) Amelie fragte___ Darf ich morgen etwas länger aufbleiben___

e) ___Lasst uns durch den Wald radeln___ schlug Vera vor___ das ist eine Abkürzung___

f) Florian erzählte___ Als wir spät am Abend endlich wieder zur Jugendherberge kamen, waren wir alle müde und durchgefroren___

2 ★☆ **Setze im folgenden Text die fehlenden Satzzeichen!**

Der aufgeblasene Frosch

Ein Frosch hockte bei seinen Kindern im Sumpf, als er einen Ochsen erblickte, der am Ufer sein Futter suchte. Da wollte er auch so groß sein und blies sich auf, so stark er nur konnte. Bin ich nun so groß wie der Ochse fragte er. Nein antworteten die Kinder. Da blies sich der Frosch noch stärker auf und fragte abermals Bin ich jetzt so groß – Noch immer nicht antworteten die Kinder. Da blies der Frosch sich mit solcher Gewalt auf, dass er zerbarst.

Tipp

Die wörtliche Rede kann:

1. nach dem Begleitsatz stehen.
   Beispiel: *Er rief: „Hilf mir heraus!"*
   ----------: „__________________."
   ----------: „__________________?"
2. vor dem Begleitsatz sein.
   Beispiel: *„Ich werde mich an dir rächen!", schrie Tom.*
   „__________________", ----------------.
   „__________________?", ----------------.
3. vor und nach dem Begleitsatz stehen.
   Beispiel: *„Ja", antwortete der Fuchs, „komm doch herab."*
   „___", ----------------------, „__________________?"
   „___", ----------------------, „__________________!"

3 ★☆ **Setze auch hier die fehlenden Satzzeichen**

a) Oh Mann stöhnte Adam ich kriege nichts mehr in meinen Kopf!

b) Henry gab zurück: Ja, ich hab das Lernen auch so satt

c) Zum Glück haben wir es morgen überstanden meinte Adam dann haben wir die Mathearbeit hinter uns

4 ★☆ **Setze die fehlenden Satzzeichen bei der wörtlichen Rede ein.**

Die Geisterstunde ist da, und das Friedhofsgespenst Fridolin seufzt: „Immer dieses blöde Spuken jede Nacht!"

a) Seine Frau schlägt vor ___ Besuch doch mal endlich den Friedhofsgärtner ___

b) Ermuntert fliegt Fridolin zum Haus des Gärtners, schwebt durch die Mauer, und schon steht er im Wohnzimmer. Zur Begrüßung sagt er ___ Guten Abend, störe ich ___

c) Der Gärtner fragt erschrocken ___ Wer bist du denn du ___

d) Der Geist erklärt ___ Ich bin der frostige Fridolin. Ich spuke hier schon seit fünfhundert Jahren ___

e) Der Gärtner erwidert ___ Ich bin erst seit fünf Jahren hier. Nachts ist mir manchmal ganz schön langweilig. Dann spiele ich Karten, nur so für mich ___

f) Fridolin fragt ___ Darf ich mitspielen ___
Er darf. Sie spielen bis die Uhr eins schlägt. Fridolin gewinnt, aber nur, weil er gemogelt hat.

g) Der Gärtner wirft ihm vor ___ Du hast geschummelt ___

h) Fridolin gibt zu ___ Aber nur ein bisschen ___

i) Lächelnd fragt er dann ___ Spielen wir morgen Nacht wieder ___

j) Der Gärtner antwortet ___ Aber nur, wenn du nicht mogelst ___

k) Der frostige Fridolin sagt beim Davonfliegen ___ Versprochen ___

Tipp

Beachte:
Der Punkt am Ende der wörtlichen Rede wird nicht gesetzt, wenn die wörtliche Rede vor und zwischen dem Begleitsatz steht.
Beispiel: *„Ich gehe voran", sagte ich und marschierte los.*

5 ★☆ **Entscheide, ob die Aussagen richtig oder falsch sind.**

	Falsch	Richtig
a) Anführungszeichen werden nur oben gesetzt.	☐	☐
b) Anführungszeichen werden am Anfang unten und am Ende oben gesetzt.	☐	☐
c) Anführungszeichen werden am Anfang oben und am Ende unten gesetzt.	☐	☐
d) Anführungszeichen kennzeichnen die wörtliche Rede.	☐	☐
e) Anführungszeichen verwendet man, wenn man etwas markieren will.	☐	☐

Tipp

Denk dran: Zwischen einem einleitenden Redebegleitsatz und der direkten Rede steht immer ein Doppelpunkt. Dann folgen die Anführungsstriche unten.
Beispiel: *Frau Arndt sagte: „Das macht drei Euro fünfzig."*

6 ★☆ **In diesem Gespräch fehlen alle Anführungszeichen. Ergänze sie.**

Mama , ruft Johannes , Claudia hat meinen Schrank durchwühlt. Claudia brüllt wütend dazwischen : Johannes hat im Badezimmer in meiner Kulturtasche herumgeschnüffelt . Dann schreit Johannes : Und was hat Claudia in meinen Fußballsachen zu suchen ? Und wieso versteckt Johannes meine Reitstiefel ? , meckert Claudia. Beruhigt euch doch bitte erst einmal , sagt da die Mutter. Ich höre euch sowieso nicht zu , solange ihr schreit und brüllt.

7 ★☆ **Im folgenden Text fehlen die Zeichen für die direkte Rede. Kennzeichne sie selbst, indem du die Aussagen der wörtlichen Rede unterstreichst.**

___ Die Luft in dem Tunnel roch modrig.___ Bist du sicher, dass wir hier richtig sind?___ fragte ich Juliane. ___Ich denke schon, gab sie zurück. Siehst du da vorne den schwachen Lichtschein?___ Nein, entgegnete ich. ___Schau doch genau hin, da vorne ist Tageslicht.___ Ich sehe nichts. Außerdem ist mir kalt. ___ Plötzlich streifte etwas mein Gesicht. ___Verdammt, schrie ich, ___Fledermäuse gibt's hier auch!___

8 ★☆ **Setze einen passenden Redebegleitsatz vor die direkte Rede.**

Beispiel: *Jens fragt*: „Wann soll ich mein Referat halten?"

Mario erwidert **Elena erklärt** **Ali vermutet** **Anett flüstert**

a) ______________________ „Hast du die Aufgabe 5? Sag mir schnell das Ergebnis, bevor die Thiele uns hört."

b) ______________________ „Halt doch mal die Klappe! Du nervst total!"

c) ______________________ „Das ist doch einfach, du musst zuerst die Klammer auflösen, dann kannst du das leichter rechnen."

d) ______________________ „Sie hatte eine Stofftasche dabei. Da sind sicherlich unsere Klassenarbeiten drin. Dann kriegen wir die heute vielleicht zurück."

9 ★☆ **Welche Sprecherangabe passt am besten zu den Aussagen? Trage sie ein und setze die fehlenden Satzzeichen.**

fragt David dazwischen

antwortet Frau Özgül

kritisiert Fabian

entgegnet Tim

schlägt Eva vor

a) „Was sollen wir denn in Italien, wenn niemand italienisch spricht? ______________

b) „Es geht doch bei der Klassenfahrt nicht um die Sprache, sondern um unsere Klassengemeinschaft! ______________

c) „Warum müssen wir eigentlich im Oktober fahren? ______________

d) „Weil das ein Konferenzbeschluss unserer Schule ist ______________

e) „Wir sollten abstimmen. Das ist doch eine faire Lösung! ______________

10 ★☆ **Welche Sätze sind ohne Fehler geschrieben? Kreuze sie an.**

a) „Das geht mir zu schnell mit der Abstimmung. Ich möchte auch noch meine Meinung dazu sagen“, mischt sich Noah ein. ☐

b) „Was soll denn das Diskutieren bringen?“, fragt Emil. ☐

c) Franzi flüstert: Ich habe eh kein Geld für eine Klassenfahrt“. ☐

d) „Keine Sorge, Franzi“, beruhigt Frau Özgül sie, „da finden wir schon eine Lösung.“ ☐

e) „Ja, wir sammeln einfach Geld. Vielleicht durch Kuchenverkauf in der Pause?„, ruft Eva aufgeregt. ☐

f) Tim erinnert sie: „Wir wollten doch das Ziel festlegen, Leute“ ! ☐

11 ★★ **Lies das folgende Gespräch zwischen Lisa und Carla genau durch. Nimm einen Stift und setze zuerst alle Anführungszeichen. Unterstreiche dann die Begleitsätze und füge die entsprechenden Satzzeichen (Doppelpunkt, Komma oder Schlusszeichen) ein.**

Lisa sagte Warum müssen wir schon wieder nach Hause gehen? Es gibt doch noch so viele interessante Sachen zu sehen! Weil es gleich zwölf ist und weil wir deinetwegen nicht das Mittagessen verpassen wollen lachte Clara. Sie fügte hinzu Wir können ja heute Nachmittag noch einmal hierher kommen. Aber wenn wir wiederkommen antwortete Lisa dann müssen wir unbedingt zu dem Andenkenladen am Marktplatz gehen. Ich habe da nämlich ein süßes Geschenk für meine kleine Schwester gesehen. Wer denkt denn jetzt schon an Mitbringsel? rief Clara. Du wirst sehen erwiderte Lisa dass die Woche ganz schnell vorbei ist. Plötzlich blieb Clara stehen. Wir dürfen nicht vergessen sagte sie leise und sah sich nach den anderen um dass wir zum Abschluss ein richtig großes Überraschungs-Abschiedsfest feiern wollen. Na prima! flüsterte Lisa ihr zu dann besorgen wir heute gleich die Dekoration dafür.

12 ★★ **Setze im folgenden Text sämtliche Satzschlusszeichen und alle Satzzeichen rund um die wörtliche Rede.**

Gregor hat ein Problem Er hat kein Taschengeld mehr Es ist zwar erst der zehnte Mai, aber er hat alles schon vorher ausgegeben Jetzt geht er zu seiner Schwester Anna und fragt Könntest du mir etwas Geld leihen Wieso fragt Anna zurück brauchst du Geld Es hat doch erst neulich Taschengeld gegeben Ich musste doch noch das Muttertagsgeschenk kaufen antwortet er Also gut, ich gebe dir bis zum nächsten Monat etwas, und du übernimmst dafür meinen Küchendienst willigt Anna ein Zähneknirschend stimmt Gregor zu und macht sich an den Abwasch.

13 ★★ **In der folgenden kleinen Erzählung fehlen alle Satzzeichen. Ergänze sie.**

Zwei Schnecken

Zwei Schnecken lebten an einem Bahndamm und ärgerten sich über einen Schnellzug Wenn er wieder vorüberbraust sagte die eine dann hole ich ihn von den Gleisen Richtig meinte die andere diesem Lümmel werden wir es zeigen Dann stellten sich beide zwischen die Schienen und schrien grimmigen Mutes Niederstoßen werden wir dich Der Zug brauste heran und über sie hinweg Er reißt aus brüllte die eine Dieser Feigling empörte sich die andere Schnecke

14 ★★ **Forme die folgenden Sätze in die direkte Rede um und setze die entsprechenden Satzzeichen.**

a) Armin klagt darüber, dass er seit der Sportstunde seine Uhr vermisst.

____

b) Tobias sagt, dass er sie neben Florians Tasche auf der Bank liegen gesehen hat.

____

c) Armin fordert Tobias auf, die Uhr sofort herzugeben.

____

d) Florian flüstert, dass er die Uhr nicht hat und dass er die Wahrheit sagt.

____

e) Armin droht, wenn das nicht stimme, werde er zur Schulleitung gehen.

____

15 ★★ **Trage die fehlenden Anführungsstriche ein.**

Beispiel: *„Beeil dich", sagte Tim, „wir sind spät dran."*

a) Zoé sagt: Ich möchte auf jeden Fall beim Schüleraustausch mitmachen.

b) Maria wundert sich: Ich dachte, du traust dich nicht, allein in einem fremden Land zu sein.

c) Zoé erwidert: Das stimmt schon. Ich hatte immer Angst vor der fremden Sprache.

d) Seitdem ich aber im Sommer mit der Jugendfreizeit in Frankreich war, erklärt Zoé daraufhin, traue ich mir das zu. Mein Französisch ist gar nicht so schlecht.

e) Außerdem kannst du ja auch noch mit Händen oder Füßen reden, antwortet Maria.

16 ★★ **Verändere die Sätze, indem du den Redebegleitsatz zwischen die direkte Rede setzt. Achte dabei auf die Zeichensetzung.**

a) Frau Özgül fragt ihre Schüler: „Welche Ziele für unsere Klassenfahrt schlagt ihr vor, wenn wir im Oktober fahren?"

____

____

b) Ariane äußert: „Ich bin für London, denn da können wir gleich unser Englisch verbessern.

____

c) Tim schlägt vor: „Italien wäre perfekt, denn dort ist es im Herbst noch schön warm."

____

____

17 ★★ **In der Fabel fehlen alle Satzzeichen. Lies den Text laut und versuche, ihn zu verstehen. Dann ergänze die Anführungs- und Satzzeichen.**

Der Fuchs und der Ziegenbock

Ein Fuchs fiel in einen tiefen Brunnen Er hoffte darauf dass jemand kam der ihm heraushalf

Als ein Ziegenbock den Fuchs entdeckte rief dieser Hilf mir hier heraus

Der Bock fragte ob das Wasser dort unten gut sei Ja antwortete der Fuchs komm doch herab und probiere es

Der Ziegenbock zögerte etwas doch dann kletterte er hinab Und er trank von dem köstlichen Nass

Nicht mehr durstig fragte er den Fuchs Wie kommen wir wieder hinauf

Der Fuchs erklärte es ihm Der Bock sollte sich auf die Hinterbeine stellen die Vorderbeine gegen die Wand stemmen und seine Hörner aus dem Brunnen herausstrecken Dann werde ich über deinen Rücken hinaufklettern und dir sofort heraushelfen so der Fuchs

Der Ziegenbock tat was man ihm geraten hatte Oben angelangt tanzte der Fuchs vor Freude Er verhöhnte den Bock wegen seiner Dummheit

Ich werde mich an dir rächen schrie der Bock Darüber lachte der Fuchs und antwortete Wenn du so viele Gedanken hättest wie Haare in deinem Bart dann wärst du nicht heruntergestiegen ohne zu überlegen wie du wieder herauskommst

nach Aesop

4 Appositionen

Tipp

Eine Apposition ist ein Einschub im Satz, mit dem ein Wort genauer erläutert wird. Man nennt sie auch Beisatz:
Mein Geburtstagsgeschenk, ein neues Fahrrad, habe ich sofort ausprobiert.

Appositionen werden vom übrigen Satz immer durch Kommas abgetrennt. Diese Unterbrechung durch Kommas hilft dem Leser, den Sinn eines Satzes schnell zu erfassen.

1 ★☆ **Ergänze die Lücken im Text mit einer passenden Apposition.**

Beispiel: *Unser Nachbar, ein kleiner, freundlicher Mann, begrüßte mich.*

a) Der Umzugswagen, ____,
stand den ganzen Nachmittag vor der Haustür.

b) Die Umzugshelfer, ____,
arbeiteten den ganzen Tag.

c) Olaf, ____, half auch beim
Umzug mit.

d) Die Schillerschule, ____, ist
zum Glück nur wenige Fußminuten entfernt.

2 ★☆

Setze bei jedem Satz zwei Kommas.

Beispiel: *Stefan lief, freudig singend, die Straße entlang.*

a) Carsten erstarrt vor Schreck wagte, sich wieder zu bewegen.

b) Antonia vor Leben sprühend begeisterte alle.

c) Die Zuschauer jubelnd vor Begeisterung applaudieren immer noch.

d) Emma vor Eifersucht rasend machte Alexander Vorwürfe.

e) Otto ein wenig müde entschloss sich, ins Bett zu gehen.

f) Torsten lachend vor Freude umarmte Falk.

3 ★☆

Setze die fehlenden Kommas vor und hinter die Appositionen und Partizipgruppen und vor die nachgestellten Erläuterungen.

Eulenspiegel ein bekannter Schelm kam einmal zur Universität von Erfurt. Die Studenten und ihr Professor über Eulenspiegels Streiche gut informiert wollten ihn hineinlegen und zwar möglichst gründlich. Sie kamen nach heftiger Diskussion einer Lieblingsbeschäftigung von Studenten endlich zu einem Entschluss. Eulenspiegel sollte einen Esel ein ganz junges Tier im Lesen und Schreiben unterrichten.

Der Schalk ein wenig überrascht stimmte dem Vorschlag der Studenten zu. Sie vereinbarten eine Zeit von 20 Jahren also sozusagen die Lehrzeit des Esels und Eulenspiegel erhielt sogar Lehrgeld nämlich 25 Dukaten.

Die Studenten vergnügt und schadenfroh waren überzeugt, Eulenspiegel hineingelegt zu haben.

Der Schalk brachte den Esel mit Hilfe von Haferkörnern der Lieblingsspeise eines jeden Esels zum lauten Lesen nämlich zum Schreien der Buchstaben I und A.

So besiegte Eulenspiegel sogar die klugen Leute von der Universität insbesondere den Professor.

Tipp

Nachgestellte Erläuterungen werden ebenfalls durch ein Komma abgetrennt. Oft erkennt man sie an Wörtern wie *und zwar, vor allem, nämlich, zum Beispiel (z.B.), insbesondere, also:*
Sarah liebt alle Ballsportarten, insbesondere Volleyball.

4 ★☆ **Setze die Kommas.**

a) Annika liest gerne und zwar besonders historische Romane.

b) Nico ist ein guter Schüler vor allem in Mathematik und Biologie.

c) Lena und Marie gehen in den Sommerferien gemeinsam auf Reisen nämlich nach Italien.

d) Nachmittags ist Carla gerne draußen unterwegs am liebsten im Wald.

e) „Adam klettere doch nicht so weit nach oben so ganz ohne Sicherung!", rief unsere Sportlehrerin.

f) Bei schlechtem Wetter besonders bei Sturm wagt sich Melinas Katze nicht aus dem Haus.

Tipp

Besonders in Briefen oder E-Mail, aber auch in anderen Texten verwendet man Anreden.
Anreden werden vom folgenden oder voranstehenden Satz immer durch ein Komma abgetrennt:

Lieber Jonas,

wir sind gerade angekommen und wollen am Nachmittag im Meer baden.

5 ★★ **Ergänze jeweils eine passende Apposition, eine nachgestellte Erläuterung oder Anrede an der richtigen Stelle und achte auf Kommasetzung und Rechtschreibung. Schreibe die Sätze in dein Heft.**

Sehr geehrte Damen und Herren | insbesondere ihre besten Freunde | zum Beispiel Reiten und Schwimmen | einem Abenteuerroman | Entschuldigung | Hallo | He | liebe Oma | glücklich über ihre gute Englischnote | einen alten Schreinermeister

Tipp

Ausrufe werden vom übrigen Satz ebenfalls durch ein Komma abgetrennt:

Hallo, ist da jemand?
Oh, ihr beiden, was wollt ihr denn?

a) Kannst du mir bitte mal deinen Stift leihen!

Kristina, kannst du mir bitte mal deinen Stift leihen!

b) Eva sprang fröhlich auf ihr Fahrrad.

c) Suse lädt viele Mitschüler zu ihrem Geburtstag ein.

d) Das wollte ich wirklich nicht.

e) Zu deinem Geburtstag wünsche ich dir alles Gute.

f) Julia besuchte ihren Opa.

g) Die letzte Ausgabe Ihrer Zeitschrift hat mir besonders gut gefallen.

h) Leo liebt viele Sportarten.

i) Was machst du denn da?

j) Eva verschlang den neuen Roman.

k) Ist da jemand?

6 ★★ **Die Kommas, die die Appositionen einschließen, wurden leider gelöscht. Trage sie wieder ein.**

Weil meine Großeltern bereits 40 Jahre verheiratet keine Ahnung von Computern hatten, machten sie einen Computerkurs für Senioren. Es gefiel ihnen ziemlich gut, obwohl die Kursleiterin Studentin schnell erklärte und viele Fachausdrücke verwendete. Mein Opa schon etwas zittrig hatte vor allem Probleme mit der Tastatur. Er geriet oft auf die falschen Tasten, löschte manchmal sogar ganze Seiten, die er geschrieben hatte. Deshalb zeigte ihm meine Oma etwas fitter in diesen Dingen die Wiederherstellfunktion.

7 ★★ **Füge die vorgegebenen Appositionen in die passenden Lücken ein. Setze die Kommas.**

der Aufsichtslehrer | 12.00 Uhr bis 14.00 Uhr | vor allem ältere | neu eingerichtet | meistens Biologie

a) Der Computerraum ________________________ ist in unserer Schule besonders in der Mittagspause sehr beliebt.

b) Viele nutzen die Mittagspause ________________________ um ins Internet gehen zu können.

c) Die jüngeren Schüler suchen sich oft zu Referatsthemen ________________ ________________ Informationen aus dem Netz.

d) Herr Finder ________________________ passt auf, dass die Schüler keine verbotenen Seiten anschauen.

e) Laut einer Umfrage der Klassensprecher wollen die Schüler ________________ ________________ den Computerraum auch nach der Mittagsschule gerne nutzen.

5 Partizip- und Infinitivgruppen

Partizipgruppen

1 ★☆ **Unterstreiche die Partizipgruppen.**

a) Konzentriert, auf die versteckten Fallen achtend, bearbeitete sie die Aufgabe.

b) Die Schlüsselwörter unterstreichend strukturiere ich mir den Text, der sehr schwierig ist.

c) Ein spannendes Buch lesend bemerkte sie nicht, dass das Telefon klingelte.

d) Mit Infos gut ausgestattet, so gingen die Schüler der 8c in ihr Praktikum.

Tipp

Partizipgruppen enthalten immer ein Partizip (I oder II). Sie müssen nur in den folgenden Fällen durch ein Komma vom übrigen Satz getrennt werden:

- Auf die Partizipgruppe wird durch ein Wort hingewiesen:
  Vor Spannung zitternd, so saß der Jagdhund vor dem Fuchsbau.
- Die Partizipgruppe wird als nachgestellter Zusatz eingeschoben:
  Der Jagdhund saß, vor Spannung zitternd, vor dem Fuchsbau.

In allen anderen Fällen sollten bei Infinitiv- oder Partizipgruppen Kommas gesetzt werden, wenn dadurch der Satz besser verständlich wird.

2 ★☆ **Füge die Kommas ein.**

a) Vor dem Fenster an ihrem Bleistift kauend dachte Anna lange nach.

b) Über diese vielen Regeln stöhnend verließ Tom sein Arbeitszimmer.

c) In Berlin angekommen besuchte die Klasse das Brandenburger Tor.

d) Dann endlich in Berlin angekommen besuchte die Klasse das Brandenburger Tor.

3 ★☆ **Lass dir die Sätze ohne Kommas diktieren.**

Eine Zigarette rauchend, versteckte er sich vor seinen Eltern. Früher als erwartet nach Hause gekommen, riefen sie nach ihm. So, mit eingeschlafenen Beinen hockend, saß er in der Falle. Dann, ihn entdeckend, veranstalteten sie ein lautes Theater. Die Zigarette noch in der Hand haltend, konnte er sich wohl nicht verteidigen.

4 ★★ **Lies die folgenden Sätze. An welchen Stellen müssen Kommas gesetzt werden? Trage sie ein. Wenn nicht unbedingt ein Komma stehen muss, klammere es ein.**

a) Wie gestern angekündigt schreiben wir heute einen Vokabeltest.

b) Von der Dunkelheit plötzlich überrascht verlor er die Orientierung.

c) Ratlos umherirrend suchte er nach dem Hotel.

d) Völlig entkräftet schleppte er sich ins Ziel.

e) Aus vollem Halse lachend kam sie auf mich zu.

f) Anne in einen dunklen Schal gehüllt ging die Treppe hinunter.

g) Genau so ihn keines Blickes würdigend rannte Annika davon.h) Schwitzend vor Anstrengung machte Sanna sich an die Arbeit.

i) Anton überwältigt vor Staunen, lachte lauthals.

j) Zu allem bereit so gingen sie an die Arbeit.

k) Der Herbst kühl und feucht dieses Jahr ist schlecht zum Wandern.

l) Dann endlich in Berlin angekommen suchten wir eine Jugendherberge.

m) Hannah trat Carl mit dieser Haltung stolz und unnahbar entgegen.

n) Ein Glas Limonade in der Hand haltend so saß sie auf der Fensterbank.

Infinitivgruppen

Tipp

In Infinitivgruppen gibt es immer ein Verb im Infinitiv (Nennform).

Sie müssen in folgenden Fällen durch ein Komma vom übrigen Satz getrennt werden.

- Die Infinitivgruppe wird mit einem der folgenden Wörter eingeleitet: *als, (an)statt, um, außer, ohne.*
  Sie ging lieber ins Schwimmbad, als für die nächste Mathearbeit zu lernen.
- Die Infinitivgruppe ist Attribut zu einem Nomen oder Adjektiv im Hauptsatz:
  Aus Freude, den ersten Preis gewonnen zu haben, umarmte sie alle ihre Freundinnen.
- Ein hinweisendes Wort kündigt eine Infinitivgruppe an oder weist auf sie zurück:
  Er ist die ganze Zeit damit beschäftigt, das neue Computerprogramm zu verstehen.
  Das neue Computerprogramm zu starten, das kann er kaum noch erwarten.

5 ★★ **Setze in den folgenden Sätzen die Kommas.**

a) Wieder einmal tanzen zu gehen das würde mir gefallen.

b) Klara ging in ihr Zimmer um zu lesen.

c) Hast du nichts Besseres zu tun als mich zu ärgern?

d) Anstatt endlich ins Bett zu gehen drehten sie die Musik noch lauter auf.

e) Wir freuen uns darauf euch zu sehen.

f) Anni und Dalia hatte schon oft daran gedacht Jazzdance zu lernen.

g) Ich rate dir dich hier nicht mehr blicken zu lassen.

h) Anno konnte nichts tun außer die Feuerwehr zu rufen.

i) Der Plan nach München zu fahren fiel ins Wasser.

j) Es wäre schade diese Chance nicht zu nutzen.

k) Henrys Wunsch war es berühmt zu werden.

6 ★★ **Lies die folgenden Sätze. An welchen Stellen müssen Kommas gesetzt werden? Trage sie ein.**

a) Daran den Job zu behalten dachte sie nicht.

b) Ein schnelles Auto zu fahren dies war sein größter Wunsch.

c) Er hatte nicht erwartet so erschöpft zu sein.

d) Er statt zu helfen sah tatenlos zu.

e) Dazu endlich Farbe zu bekennen hatte er keinen Mut.

f) Sie trug einen dicken Schal um sich nicht zu erkälten.

g) Er ging über die Straße ohne nach links und rechts zu schauen.

h) Sie hatten die Idee das Fest mit einem Feuerwerk zu beschließen.

i) Davon ein Star zu werden träumte sie.

7 ★★ **Vervollständige den Satz.**

Ich gehe zum Tennisplatz/trainieren/um

Beispiel: *Ich gehe zum Tennisplatz, um zu trainieren.*

a) Ich trainiere/ein erfolgreicher Tennisspieler werden/um

____

b) Täglich stehe ich auf dem Tennisplatz/mich mit meiner Clique treffen/anstatt

____

c) Meine Freunde unterstützen mich/murren/ohne

____

d) Ich verspreche ihnen/sie nach Wimbledon einladen

____

6 Datums- und Adressangaben

1 ★☆ **Setze die fehlenden Kommas.**

a) Meine Brieffreundin wohnt in Bonn Königsallee 23.

b) Wir treffen uns am Freitag in Köln Stadtbücherei am Josef-Haubrich-Ring.

c) Meine Tante hat eine vornehme Adresse: Sie wohnt in London Notting Hill.

d) Wir ziehen von Hamburg Holstenstraße 133 nach Mülheim Straßburger Allee 23 um.

Tipp

Mehrteilige Datums- oder Adressangaben werden durch Kommas gegliedert. Ein Komma hinter der letzten Angabe ist möglich, aber nicht notwendig:
Wir treffen uns am Freitag, den 18. August, um 11.30 Uhr (,) in Köln, Josef-Haubrich-Hof, an der Infotheke der Stadtbücherei (,) zu einer Führung durch die Abteilungen der Zentralbibliothek.

2 ★☆ **Setze die fehlenden Kommas.**

Beispiel: *Mein Unglückstag ist wirklich Freitag (,) der 13.*

a) Dienstag der vierte das ist mein Glückstag, denn da habe ich Tom kennen gelernt.

b) Wir sehen uns am Montag den 24. Mai um 8.30 Uhr.

c) Ich lade euch alle ein zu meiner Geburtstagsfete am Freitag 14. Juli um 18.00 Uhr.

d) Treffen wir uns nachher in der Königstraße Ecke Kienestraße zum Shoppen?

e) Wir kommen am Sonntag 27. Juli wieder zurück.

f) Lucas Abschlussprüfung ist am Dienstag 28. März um 10 Uhr im Klinikum Großhadern.

3 ★☆ **Trage auch hier die fehlenden Kommas ein.**

Beispiel: *Wir treffen uns am Montag, 8.00 Uhr (,) zur ersten Besprechung.*

a) Die zweite Besprechung findet am Dienstag 9.30 Uhr statt.

b) Wir treffen uns bei Peter in Hamburg Krabbenweg 14.

c) Anne kann leider erst später kommen, da sie bis Freitag den 17. August im Urlaub ist.

d) Ihr Flieger landet am Donnerstagabend 22.00 Uhr in Stuttgart.

Tipp

Schreibst du den Satz nach einer Orts- oder Zeitangabe weiter, musst du kein Komma setzen.

4 ★★ **Fülle die Lücken mit den passenden Orts- und Zeitangaben. Setze Kommas.**

in Berlin | Freitag 27. September | vor dem Abendessen | 8.00 Uhr | Montag den 22. September | Köln 12. Februar 2009 | vor der Schule

Sehr geehrte Eltern der Klasse 7 a! ____________________

Wir gehen bald auf Klassenfahrt. Die Schule hat dafür als Abreisetag ______

____________________ festgelegt. Da wir fünf Tage unterwegs sind, werden wir ____________________

zurück sein. Wir starten am Montagmorgen ____________ auf dem

Parkplatz ____________________. Bitte bringen Sie Ihre Kinder

pünktlich zur Schule, damit wir die Jugendherberge ____________

noch ____________________ um 18.00 Uhr erreichen.

Mit freundlichen Grüßen, Ulrich Bertel (Klassenlehrer)

5 ★★ **Hier sind zu viele Kommas gesetzt. Finde sie und kreise sie ein.**

War das ein schrecklicher Sturm, gestern Abend am Bodensee. Er kündigte sich zwar schon, am Mittwoch, den 28. Oktober, an, aber mit dieser Stärke rechneten die Meteorologen nicht. Gegen Vormittag, 11.00 Uhr, gab die Stadt Konstanz, ihre erste Sturmwarnung heraus. Dennoch konnte man, bis zum Nachmittag, 16.00 Uhr, immer noch einige Schiffe auf dem See entdecken. In Überlingen wurde der Fährverkehr, bereits am 29. Oktober, 8.00 Uhr, eingestellt.

6 ★★ **Welche Kommas müssen, welche können (,) gesetzt werden?**

Am Mittwoch den 4. April 2012 kurz vor acht Uhr stand Claudio ziemlich angespannt und nervös um sich schauend vor der Hundeschule in Köln Augustastraße um an der großen Hundeleistungsprüfung teilzunehmen. Ebenfalls aufgeregt und ein wenig zitternd vor Kälte so kauerte neben ihm sein kleiner Mischlingsrüde Fips ohne auch nur eine Sekunde den Blick von seinem Herrchen abzuwenden. Um den aufgeregten jungen Hund zu beruhigen hielt ihm Claudio immer wieder ein kleines Stück Hundekuchen vor die Nase. Er hatte nämlich die Befürchtung wegen der Nervosität von Herr und Hund bei der Prüfung durchzufallen.

Doch er hätte sich nicht sorgen müssen. Aus dem Gebäude vor ihm Augustastraße 15 kam Punkt acht Uhr eine junge, fröhliche Frau und brachte Claudio und Fips zum Trainingsplatz.

Am selben Tag noch gegen 12.30 Uhr nahm Claudio vor Freude strahlend die Urkunde in Empfang. Er war sehr stolz sie bald allen Freunden zeigen zu können.

Fips jetzt wieder ganz entspannt freute sich am meisten darauf seinen Hundekuchen in Ruhe und alleine auffressen zu können. Erleichtert und gesättigt so kamen beide schließlich zu Hause an.

Lösungen

1 Einfache Sätze

1 Jona geht heute nicht zur Schule. Er liegt krank im Bett. Seit gestern Abend hat Jona Fieber. Vielleicht hat er die Grippe. Einige Kinder aus seiner Klasse hatten letzte Woche auch die Grippe. Jona langweilt sich. Er hat Kopfschmerzen. Er kann weder lesen noch fernsehen. Jona schläft viel. Hoffentlich ist er bald wieder gesund.

2 Benny ist ein Golden Retriever. Er ist seit zwei Jahren mein Begleiter. Ich habe ihn als Welpen bekommen. Die Lebenserwartung eines Golden Retrievers liegt bei etwa fünfzehn Jahren. Er hat also noch viele Jahre vor sich. Ursprünglich stammen Golden Retriever aus Großbritannien. Sie sind besonders intelligent. Sie werden oft als Apportier- oder Jagdhunde verwendet.

3 Heute ging die bestellte Sendung ab. Die Zustellung erfolgt per Bahnfracht. Bitte Vorsicht beim Auspacken! Beachten Sie dabei die beigefügte Anleitung! Transportschäden sind innerhalb von drei Tagen nach Erhalt zu melden. Wann dürfen wir mit Ihrer nächsten Bestellung rechnen?

4
a) Morgen beginnen die Ferien. = Aussagesatz
b) Lasst die Katze in Ruhe! = Aufforderungssatz
c) Warum ist die Banane krumm? = Fragesatz
d) Mach bitte das Fenster auf! = Aufforderungssatz
e) Wale sind Säugetiere. = Aussagesatz
f) Woraus besteht Glas? = Fragesatz

5
a) Putz dir die Nase**!**
b) Wie viel Arbeitsspeicher hat dein Computer**?**
c) Der Orang-Utan verbringt die meiste Zeit auf Bäumen.
d) Lassen Sie die Waffe fallen**!**

6
a) Im Teutoburger Wald stehen sehr alte Bäume.
Was steht im Teutoburger Wald?
b) Manche Bäume sind über dreihundert Jahre alt.
Wie alt sind manche Bäume?
c) Unter einer mächtigen Eiche machen die Kinder ein Picknick.
Wo machen die Kinder ein Picknick?

7
a) Nehmen Sie bitte Platz! (Aufforderungssatz)
b) Warum kommst du denn nicht mit zum Badesee? (Fragesatz)
c) Tübingen ist eine Stadt in Baden-Württemberg. (Aussagesatz)
d) Hast du meine Mail gelesen? (Fragesatz)

8 Sehr geehrter Herr Müller, ich freue mich sehr, mit Ihnen Geschäfte zu machen.
– Heike, kannst du bitte mal kommen?
– Lieber Horst, endlich habe ich Zeit, dir zu schreiben.

9 Ach, das ist aber schön. Oh, da bin ich aber erstaunt. Ah, tut das weh! Igitt, ist das eklig!

10 Das Komma fehlt hinter dem Ach.

11
a) Es regnete, blitzte und donnerte.
b) Bei der Feier gab es Apfelsaft, Orangensaft und Wasser.
c) Wir räumten auf, machten die Betten und fegten den Boden.
d) Im Urlaub will sie faulenzen, Bücher lesen, im Meer schwimmen und vielleicht noch tauchen lernen.
e) Meine Eltern, meine Oma und meine Schwester haben mir einen neuen Schulrucksack geschenkt.
f) Am ersten Tag nach den Ferien haben wir Englisch, Deutsch, Erdkunde und Mathe.
g) Am Wochenende freue ich mich schon aufs Schwimmen, Lesen oder/und aufs Faulenzen.
h) Für das Turntraining packe ich meine Sportkleider, Turnschläppchen, etwas zu trinken, einen Apfel und einen kleinen Schokoriegel ein.

12 Nach einem langen heißen Sommer freut sich Kerstin nun auf den Herbst und auf den Winter. Zu Halloween wird sie mit Kathi, Mareike und Hannes in der Nachbarschaft von Tür zu Tür gehen. Sie haben sich dann als Geister, Gespenster oder Hexen schauerlich verkleidet. Und natürlich hoffen sie auf allerlei Gaben: Schokoriegel oder Kaugummi, Gummibärchen oder Lakritze. Später beginnt dann die hoffentlich ruhige, gemütliche Adventszeit. Sie wird ihrer Mutter beim Plätzchenbacken, Kerzenziehen und Auswählen der Geschenke helfen. Schließlich kann man sich dann auch auf die Ferien, den Heiligen Abend und die Weihnachtstage freuen. Ihre Wunschliste ist schon lang: Ein Computerspiel, ein neuer Schulrucksack und ein Tagebuch stehen dort ganz oben.

13
a) Subjekte:
Jugendliche, Eltern und Kinder lieben die Ferien.
b) Prädikate:
Der Affe klettert das Seil hinauf, schwingt herum und lässt sich fallen.
c) Objekte:
Auf dem Land gibt es Kühe, Hühner und Enten.
d) Adverbiale Bestimmungen:
Wasser fließt in Bächen, Flüsschen und Strömen.
e) Attribute:
Ich wünsche mir ein kleines, schnelles und kluges Pferd.

14 Zur Bambi-Verleihung strömen sie wieder alle zusammen: die Filmstars, Sängerinnen, Sänger, Models, Sportler, Modemacher und Musiker. Und wie sie wieder alle glänzen, glittern, glitzern. Wow! Da freuen sich außer dem Gold-Kitz Bambi sicherlich auch die vielen Zuschauer vor den Bildschirmen, die Gäste in der Halle und die Fans draußen vor der Halle.

15 Na und? Das hätte ich dir gleich sagen können. Zu dieser Megashow werden nur Leute mit viel Geld, Erfolg und gutem Aussehen eingeladen. Da musst du einfach schon im Filmgeschäft, in der Musikbranche und eventuell auch in der Politik berühmt und bekannt sein. Bist du nicht? Na und? Dann mach doch ganz einfach deine eigene coole und lässige Party. Einladen kannst du ja Leute aus deinem Freundeskreis, deiner Clique, deiner Nachbarschaft und deiner Familie. Einen Star und Bambi-Gewinner hast du auf jeden Fall schon: mich.

16 Eine eigene Party/oder Show? Das hört sich gut an. Aber wie stellst du dir das vor? Weder kenne ich so viele Leute/ noch weiß ich einen guten oder günstigen Partykeller. Außerdem würden meine Eltern, die absolute Partymuffel sind, darüber sicherlich nicht sehr happy/ beziehungsweise begeistert sein. Mit der Glitzerwelt und dem Star-Glamour können sie nicht viel anfangen. Sie erlauben mir ja noch nicht mal ab und zu etwas Lippenstift, Lidschatten/oder Glitzernagellack.

17
a) Zum Essen muss ich Chips, Flips, Kekse, Kuchen, Brot, Käse und Wurst einkaufen.
b) Zum Trinken besorge ich Cola, Fanta, Malzbier, Wasser, Apfelsaft und Orangensaft.
c) Für den Partyraum frage ich entweder den Hausmeister der Schule oder im Jugendzentrum nach.
d) Die CD's spielen sicherlich mein Bruder, sein Kumpel sowie mein Cousin ab.
e) Für einen richtigen DJ habe ich weder Geld noch die nötigen Beziehungen.
f) Alle sitzen zusammen, essen und erzählen dies und das.
g) Ich stelle eine Tasse, eine Kanne und einen Teller auf den Tisch.
h) Adrian sehnt sich nach langen, sonnigen und erlebnisreichen Ferien.

2 Satzreihe und Satzgefüge

1 Tom und Nele fanden ihre Plätze genial, sie saßen in der hintersten Reihe und konnten prima auf die Leinwand sehen. Der Film sollte total spannend sein, das hatten alle aus ihrer Klasse erzählt. Aber was war das? Da setzten sich doch nach der Werbung zwei Riesen direkt vor sie, holten kurz darauf ihre Popcorntüten heraus und schmatzten los. Nele und Tom hatten schnell die Nase voll, sie würden sich nie mehr die hinterste Reihe aussuchen.

2
a) Anja spielt Flöte, Johannes spielt Klavier.
b) Die Kinder werden leiser, der Unterricht beginnt.
c) Ute freut sich auf Weihnachten, Hans mag Ostern lieber.
d) Wiebke kennt sich in Stuttgart nicht aus, sie kommt aus Hamburg.
e) Anna-Maria mag Hunde, sie hat aber trotzdem keinen Hund.
f) Petra macht Hausaufgaben, Pia ist schon damit fertig.
g) Sonja zieht sich warm an, sie geht nach draußen.
h) Jessica liebt Blumen, sie kauft gerade einen Strauß.
i) Marc liest, sein Bruder hört Musik.

3
a) Josef geht einkaufen. Sybille deckt den Tisch.
b) Jan spielt Fußball. Torben rudert im Verein.

4
a) Kerstin macht Judo, Lars macht Karate.
b) Jenny liest Krimis, Verena mag Liebesgeschichten.
c) Karin macht Pizza, Pat backt einen Kuchen.

5 Konstanze schlenderte unachtsam den Gehweg entlang. Da stolperte sie auch schon über einen Gegenstand. Sie fiel und verletzte sich. Der Krankenwagen kam. Er brachte sie in das nächstgelegene Krankenhaus. Dort wurde sie behandelt.

6
a) Nele und Tom wollten sich nie mehr in die hinterste Reihe setzen, aber auf Kino wollten sie nicht verzichten.
b) Mit Cola und Popcorn versorgten sie sich für den nächsten Film (,) und kauften sich Karten für die vorderen Plätze.
c) Leider war der Film total langweilig, doch sie ließen sich ihre gute Laune nicht verderben.

7
a) Björn mäht den Rasen (,) und Max harkt den Grasschnitt zusammen.
b) Karin stand heute sehr früh auf, denn sie wollte den Sonnenaufgang beobachten.
c) Marc bringt nie ein Pausenbrot mit, sondern er kauft sich lieber ein Sandwich beim Bäcker.
d) Christian lief persönliche Bestzeit im 110-m-Hürdensprint, doch Giovanni war zwei Zehntelsekunden schneller im Ziel.
e) Kommst du heute Nachmittag mit ins Schwimmbad (,) oder musst du für die Mathearbeit üben?
f) Ruth und Irina erzählen den neuesten Klatsch, aber Sarah kennt die Geschichten über Carsten und Maike schon.

8 a) Weder lernen sie andere Kinder kennen, noch können sie neue Städte besichtigen.
b) Sie faulenzen nur im Raumschiff, oder sie laufen im Mondgeröll herum.
c) Auf dem Mond ist es kalt, und es gibt heftige Stürme.
d) In den ersten Tagen sehen sie kein einziges Lebewesen, jedoch finden sie eines Tages den berühmten Mann im Mond.
e) Der Mann im Mond liebt den Mond auch nicht, sondern er will gerne mit zur Erde fliegen.

9 Carla stand an der Ecke. Schon ewig wartete sie auf Jonathan, er musste doch kommen. Eigentlich war er immer pünktlich, manchmal nervte er die anderen deswegen sogar. Der nächste Bus kam an, viele Menschen stiegen ein und aus. Carla konnte Jonathan aber nicht unter ihnen erkennen. Dann kam ein Junge mit Kappe und brauner Lederjacke um die Ecke, war das Jonathan? Carla reckte den Hals, sie blickte an den anderen Fahrgästen vorbei. Aber es war nicht Jonathan, er hatte ja nicht solch hellblonde Haare.

10 Nele schlug das Buch auf. Sie ging das Inhaltsverzeichnis durch, danach blätterte sie einmal durch das Buch(,) und dann begann sie zu lesen. Nach ein paar Absätzen holte sie Stift und Lineal hervor, sie wollte sich einiges unterstreichen. Ein paar Minuten später nahm sie einen Block zur Hand, denn sie wollte sich einige Informationen notieren. Zunächst ging die Arbeit langsam voran, schließlich gab es viel Wissenswertes aufzuschreiben. Doch nach einiger Zeit ging ihr die Arbeit leichter von der Hand(,) und bald blickte Nele zuversichtlich auf die nächste Klassenarbeit.

11 a) Ina bleibt heute zu Hause, da sie sich krank fühlt.
b) Johanna räumt auf, obwohl sie keine Lust hat.
c) Jennifer kam nach Hause, als Gerd die Küche putzte.
d) Julia beeilt sich, damit sie nicht zu spät kommt.
e) Frederik hofft, dass er das Spiel gewinnt.
f) Alina geht, weil ihr die Party nicht gefällt.

12 Richtig sind die Aussagen b), c), e), g), h).

13 a) …, sodass viele Menschen ins Schwimmbad gehen.
b) Weil das Wetter so schön ist, …
c) Obwohl es regnet, …
d) …, sodass die meisten Menschen nach Hause gehen.
e) …, der die Menschen nach Hause treibt.

14 a) Thore ruft bei seinem Freund an, weil er mit ihm spielen möchte.
b) Marius bleibt zu Hause, weil er auf einen Anruf wartet.
c) Karla beeilt sich, damit sie den Bus noch bekommt.
d) Anke schreibt, bis ihr die Finger glühen.
e) Meine Schwester will sich ein Schiff kaufen, obwohl sie seekrank ist.

15 (a) müsste. (b) beherrscht. (c) kommt. (d) ruft. (e) blühen. (f) war.

16 Als er neun Jahre alt war, schwor Hannibal den Römern ewige Feindschaft. Zwischen Rom und Karthago kam es zum Krieg, nachdem Hannibal mit seinem Heer in Spanien den Fluss Ebro überschritten hatte. Obwohl der Winter nahte, überquerte Hannibal mit seinem Heer und 37 Kriegselefanten die verschneiten Alpen und drang nach Italien vor. Nachdem er bei Cannae ein großes römisches Heer geschlagen hatte, stand Hannibal kurz vor dem Gesamtsieg. Dennoch siegten am Ende die Römer, weil Hannibal zu wenig Hilfe aus der Heimat bekam.

17 Peter kommt, da es ihm heute zu heiß ist, erst später zur Grillparty. Anja sieht den Baum, von dem sie letztes Jahr Äpfel geerntet hat, vor ihrem Fenster. Carina hat, obwohl sie eigentlich keine Zeit hat, die Wohnung geputzt. Andrea kocht, als ihr Mann nach Hause kommt, gerade eine Suppe. Josefine ruft, damit es auch ja alle hören, laut aus dem Fenster. Ralf liebt, obwohl er fast taub ist, noch immer die Musik.

18 a) Eulenspiegel wurde von seinen Eltern, nachdem er gerade geboren worden war, in einen anderen Ort zur Taufe getragen.
b) Die Amme, die den kleinen Eulenspiegel trug, musste über einen Steg gehen.
c) Die Amme aber stürzte dabei, weil sie zu viel Bier getrunken hatte, in den Bach.
d) Der kleine Eulenspiegel war nun, nachdem die Amme ihn aus dem Bach gefischt hatte, schon zum zweiten Mal getauft.
e) Der kleine Kerl musste aber nun, weil er von oben bis unten verdreckt war, sauber gewaschen werden.
f) Er wurde von einigen Frauen, die einen Kessel mit Wasser gefüllt hatten, gründlich gewaschen.
g) Diese dritte Taufe, mit der unser armer Eulenspiegel versehen wurde, machte aus ihm bestimmt einen ganz besonderen Menschen.
h) Eulenspiegel brachte viele Leute, indem er dauernd Streiche spielte, gegen sich auf und weckte Rachegedanken bei ihnen.

19 a) Tobias macht keine Hausaufgaben, weil er lieber spielen möchte.
b) Carl beeilt sich, damit er seine Oma besuchen kann.
c) Kati lässt sich nicht aus der Ruhe bringen, obwohl es schon so spät ist.

20 Laura macht Ferien auf dem Bauernhof, denn Laura mag die frische Landluft, die Tiere und die Arbeit im Stall. Laura geht, obwohl es dort nicht besonders gut riecht, gerne zu den Kühen. Sie hält sich dort ganz besonders gerne auf, wenn die Kühe Kälbchen haben. Manche Kälbchen lassen sich sogar streicheln, damit sie Laura die Hand abschlecken können. Nachdem die Arbeit im Stall getan ist, macht Laura ausgiebige Spaziergänge. Wenn sie die Wege entlanggeht, kann sie oft brütende Vögel sehen, die aber scheu davonfliegen. Ein Tag auf dem Bauernhof ist aber auch anstrengend, sodass Laura abends müde ins Bett fällt. Sie freut sich aber auf den nächsten Tag, da es auf einem Bauernhof nie langweilig wird. Damit Laura im nächsten Jahr wieder Ferien auf dem Bauernhof machen kann, fängt sie jetzt schon an zu sparen. Sie hofft, dass sie auch noch Geld von ihren Großeltern für die nächsten Ferien bekommt.

21 Dikat

22 a) Sie blieb im Bett, zumal sie Fieber hatte.
b) Weil eine Baustelle eingerichtet wird, gibt es eine Umleitung.
c) Er ließ das Radio so laut laufen, dass sich die Nachbarn aufregten.
d) Es regnete so stark, dass das Fussballspiel ausfiel.
e) Seitdem er krank war, verlor er an Gewicht.
f) Er tat alles, ohne dass er Erfolg hatte.
g) Wenn er mit ihr sprach, wurde er immer ganz rot.
h) Sie hörte Musik, ohne mit Bügeln aufzuhören.
i) Obwohl er sich sehr beeilte, kam er nicht zurecht.
j) Sie kommt heute noch vorbei, außer wenn es zu spät ist.
k) Dass er den Beschluss durchsetzen konnte, ging auf seinen Einfluss zurück.
l) Je mehr er sich um sie bemühte, umso abweisender wurde sie.

23 Kerstin geht ins Training, obwohl sie keine Lust hat.
Anna beeilt sich, weil es regnet.

24 Weil seine alten zu klein sind, wünscht sich Karsten neue Fußballschuhe.
Da er in einer Band spielen will, lernt Kai Schlagzeug.

25 Paul kann, obwohl er wenig übt, gut Skateboard fahren.
Tina ruft, damit er ihr bei den Hausaufgaben hilft, Jens an.

26 Carla ärgerte sich, denn Jonathan verspätete sich. Sie schrie auf vor Schreck, als ihr jemand plötzlich die Augen zuhielt. Wenn das nicht Jonathan war, würde sie laut schreien. Carla zog die Hände von ihren Augen, sodass sie ihr Gegenüber erkennen konnte. Sie lachte laut auf, denn es war doch Jonathan. Carla atmete tief durch, weil sie sich ziemlich erschreckt hatte.

27 weil, sodass, obwohl, nachdem, denn, indem, damit, schließlich

28 a) Rotschöpfchen hatte keine Freunde bei den Menschen**, sodass** er oft in den Wald zu den Tieren floh.
b) **Obwohl** der Wolf eigentlich ein Fleischfresser ist, wurde er der beste Freund von Rotschöpfchen.
c) **Nachdem** der Vater diese Freundschaft herausgefunden hatte, bestrafte er Rotschöpfchen mit Hausarrest.
d) **Weil** der Wolf Mitleid mit Rotschöpfchen hatte**,** half er ihm zu fliehen.
e) **Weil** die Großmutter verärgert über Rotschöpfchens Eltern war**,** nahm sie den Wolf und Rotschöpfchen bei sich auf.

29 Die Katze klettert auf den Baum, da sie verfolgt wird.
Er läuft durch den finsteren Wald, obwohl er sich fürchtet.
Peter weint, weil er sich das Knie verletzt hat.
Tina geht in die Schule, obwohl sie Kopfweh hat.
Christine geht zum Arzt, weil sie sich krank fühlt.
Klaus hofft, dass er den Zug nicht verpasst.

30 a) Die Spieler von Pechvogel 04 verließen mit hängenden Schultern den Platz, weil sie schon wieder eine Pleite kassiert hatten.
b) Der Erhalt der Klassenliga war hiermit beendet, obwohl sie sich so bemüht hatten.
c) Der Trainer kritisierte, dass der Verein zu wenig Geld für gute Spieler ausgab.
d) Die Fans waren am Boden zerstört, schließlich würde ihr Verein nun absteigen.
e) Die generische Mannschaft ließ ihren Trainer hochleben, als sie mit dem Mannschaftsbus nach Hause fuhren.

31 a) Das Hochhaus, das / welches 36m hoch ist, steht am Stadtrand.
b) Das Buch, das / welches Noah gerade liest, ist interessant.
c) Der Ballon, der / welcher bunte Reklame trägt, gewinnt an Höhe.
d) Das Auto, das / welches gestern stehengeblieben ist, wird repariert.

32 a) Die Eröffnung, die am 1. Mai stattfand, begann mit einem Turnier der Minis.
b) Der Höhepunkt war das Match der ehemaligen Profis, die extra angereist waren.
c) Man konnte die Spannung, die sich auf den Rängen ausbreitete, förmlich spüren.
d) Zum Schluss gaben die Profis noch einige Tipps an den Nachwuchs, der sehr zahlreich ist, weiter.

33 Frieder, der das Tennisspiel, das in Siegeshausen ausgetragen wurde, gewonnen hatte, wurde beim Verlassen des Platzes, auf den die Sonne knallte, von seinem Gegner, der sehr wütend war, angerempelt. Die Schiedsrichterin, die sich schon einen Sonnenbrand, der sehr heftig war, geholt hatte, verwies ihn deshalb des Platzes. Die Zuschauer, die die Entscheidung unterstützten, buhten den Spieler, der keine Fairness gezeigt hatte, aus.

3 Wörtliche Rede

1 a) „Kannst du mir bei den Mathe-Aufgaben helfen?", bat Luca.
b) „Bestimmt können wir nachher noch zum Badesee gehen", sagte Pit. „Das schaffen wir nicht", widersprach Melanie, „wir müssen doch unsere Gartenparty noch vorbereiten."
d) „Vorsicht, hier geht's steil bergab!", rief Luca den anderen zu.
c) Amelie fragte: „Darf ich morgen etwas länger aufbleiben?"
e) „Lasst uns durch den Wald radeln", schlug Vera vor, „das ist eine Abkürzung."
f) Florian erzählte: „Als wir spät am Abend endlich wieder zur Jugendherberge kamen, waren wir alle müde und durchgefroren."

2 Ein Frosch hockte bei seinen Kindern im Sumpf, als er einen Ochsen erblickte, der am Ufer sein Futter suchte. Da wollte er auch so groß sein und blies sich auf, so stark er nur konnte. „Bin ich nun so groß wie der Ochse?", fragte er. „Nein", antworteten die Kinder. Da blies sich der Frosch noch stärker auf und fragte abermals: „Bin ich jetzt so groß?" – „Noch immer nicht", antworteten die Kinder.
Da blies sich der Frosch mit solcher Gewalt auf, dass er zerbarst.

3 a) „Oh Mann", stöhnte Adam, „ich kriege nichts mehr in meinen Kopf!"
b) Henry gab zurück: „Ja, ich habe das Lernen auch so satt."
c) „Zum Glück haben wir es morgen überstanden", meinte Adam, „dann haben wir die Mathearbeit hinter uns!"

4 a) Seine Frau schlägt vor: „Besuch doch mal endlich den Friedhofsgärtner!"
b) Ermuntert fliegt Fridolin zum Haus des Gärtners, schwebt durch die Mauer, und schon steht er im Wohnzimmer. Zur Begrüßung sagt er: „Guten Abend, störe ich?"
c) Der Gärtner fragt erschrocken: „Wer bist du denn?"
d) Der Geist erklärt: „Ich bin der frostige Fridolin. Ich spuke hier schon seit fünfhundert Jahren."
e) Der Gärtner erwidert: „Ich bin erst seit fünf Jahren hier. Nachts ist mir manchmal ganz schön langweilig. Dann spiele ich Karten, nur so für mich."
f) Fridolin fragt: „Darf ich mitspielen?"
Er darf. Sie spielen bis die Uhr eins schlägt. Fridolin gewinnt, aber nur, weil er gemogelt hat.
g) Der Gärtner wirft ihm vor: „Du hast geschummelt."
h) Fridolin gibt zu: „Aber nur ein bisschen."
i) Lächelnd fragt er dann: „Spielen wir morgen Nacht wieder?"
j) Der Gärtner antwortet: „Aber nur, wenn du nicht mogelst."
k) Der frostige Fridolin sagt beim Davonfliegen: „Versprochen."

5 a) falsch; b) richtig; c) falsch; d) richtig; e) falsch

6 „Mama", ruft Johannes, „Claudia hat meinen Schrank durchwühlt." Claudia brüllt wütend dazwischen: „Johannes hat im Badezimmer in meiner Kulturtasche herumgeschnüffelt." Dann schreit Johannes: „Und was hat Claudia in meinen Fußballsachen zu suchen?" „Und wieso versteckt Johannes meine Reitstiefel?", meckert Claudia. „Beruhigt euch doch bitte erst einmal", sagt da die Mutter. „Ich höre euch sowieso nicht zu, solange ihr schreit und brüllt."

7 Die Luft in dem Tunnel roch modrig. „Bist du sicher, dass wir hier richtig sind?", fragte ich Juliane. „Ich denke schon", gab sie zurück. „Siehst du da vorne den schwachen Lichtschein?" „Nein", entgegnete ich. „Schau doch genau hin, da vorne ist Tageslicht." „Ich sehe nichts. Außerdem ist mir kalt." Plötzlich streifte etwas mein Gesicht. „Verdammt", schrie ich, „Fledermäuse gibt's hier auch!"

8 a) Anett flüstert:
b) Mario erwidert:
c) Elena erklärt:
d) Ali vermutet:

9 a) „Was sollen wir denn in Italien, wenn niemand italienisch spricht?", kritisiert Fabian.
b) „Es geht (...), sondern um unsere Klassengemeinschaft!", entgegnet Tim.
c) „Warum müssen wir eigentlich im Oktober fahren?", fragt David dazwischen.
d) „Weil das ein Konferenzbeschluss unserer Schule ist", antwortet Frau Özgül.
e) „Wir sollten abstimmen. Das ist doch eine faire Lösung!", schlägt Eva vor.

10 Richtig sind: a); b); d)

11 Lisa sagte: „Warum müssen wir schon wieder nach Hause gehen? Es gibt doch noch so viele interessante Sachen zu sehen!" „Weil es gleich zwölf ist und weil wir deinetwegen nicht das Mittagessen verpassen wollen", lachte Clara. Sie fügte hinzu: „Wir können ja heute Nachmittag noch einmal hierher kommen." „Aber wenn wir wiederkommen", antwortete Lisa, „dann müssen wir unbedingt zu dem Andenkenladen am Marktplatz gehen. Ich habe da nämlich ein süßes Geschenk für meine kleine Schwester gesehen." „Wer denkt denn jetzt schon an Mitbringsel?", rief Clara. „Du wirst sehen", erwiderte Lisa, „dass die Woche ganz schnell vorbei ist." Plötzlich blieb Clara stehen. „Wir dürfen nicht vergessen", sagte sie leise und sah sich nach den anderen um, „dass wir zum Abschluss ein richtig großes Überraschungs-Abschiedsfest feiern wollen." „Na prima!" flüsterte Lisa ihr zu, „dann besorgen wir heute gleich die Dekoration dafür."

12 Gregor hat ein Problem. Er hat kein Taschengeld mehr. Es ist zwar erst der zehnte Mai, aber er hat alles schon vorher ausgegeben. Jetzt geht er zu seiner Schwester Anna und fragt: „Könntest du mir etwas Geld leihen?" „Wieso", fragt Anna zurück, „brauchst du Geld? Es hat doch erst neulich Taschengeld gegeben." „Ich musste doch noch das Muttertagsgeschenk kaufen", antwortet er. „Also gut, ich gebe dir bis zum nächsten Monat etwas, und du übernimmst dafür meinen Küchendienst", willigt Anna ein. Zähneknirschend stimmt Gregor zu und macht sich an den Abwasch.

13 Zwei Schnecken lebten an einem Bahndamm und ärgerten sich über einen Schnellzug. „Wenn er wieder vorüberbraust", sagte die eine, „dann hole ich ihn von den Gleisen." „Richtig", meinte die andere, „diesem Lümmel werden wir es zeigen." Dann stellten sich beide zwischen die Schienen und schrien grimmigen Mutes: „Niederstoßen werden wir dich!" Der Zug brauste heran und über sie hinweg. „Er reißt aus!", brüllte die eine. „Dieser Feigling", empörte sich die andere Schnecke.

14 a) Armin klagt: „Ich vermisse seit der Sportstunde meine Uhr."
b) Tobias sagt: „Ich habe sie neben Florians Tasche auf der Bank liegen sehen."
c) Armin fordert Florian auf: „Gib sofort die Uhr her."
d) „Ich habe die Uhr nicht", flüstert Florian, „das ist die Wahrheit."
e) „Wenn das nicht stimmt, gehe ich zur Schulleitung", droht Armin.

15 a) Zoé sagt: „Ich möchte auf jeden Fall beim Schüleraustausch mitmachen."
b) Maria wundert sich: „Ich dachte, du traust dich nicht, allein in einem fremden Land zu sein."
c) Zoé erwidert: „Das stimmt schon. Ich hatte immer Angst vor der fremden Sprache."
d) „Seitdem ich aber im Sommer mit der Jugendfreizeit in Frankreich war", erklärt Zoé daraufhin, „traue ich mir das zu. Mein Französisch ist gar nicht so schlecht."
e) „Außerdem kannst du ja auch noch mit Händen oder Füßen reden", antwortet Maria.

16 a) „Welche Ziele für unsere Klassenfahrt schlagt ihr vor", fragt Frau Özgül ihre Schüler, „wenn wir im Oktober auf Klassenfahrt gehen?"
b) „Ich bin für London", äußert Ariane, „denn da können wir gleich unser Englisch verbessern."
c) „Italien wäre perfekt", schlägt Tim vor, „denn dort ist es im Herbst noch schön warm."

17 Der Fuchs und der Ziegenbock
Ein Fuchs fiel in einen tiefen Brunnen. Er hoffte darauf, dass jemand kam, der ihm heraushalf.
Als ein Ziegenbock den Fuchs entdeckte, rief dieser: „Hilf mir hier heraus!" Der Bock fragte, ob das Wasser dort unten gut sei. „Ja", antwortete der Fuchs, „komm doch herab und probiere es."
Der Ziegenbock zögerte etwas, doch dann kletterte er hinab. Und er trank von dem köstlichen Nass.
Nicht mehr durstig, fragte er den Fuchs: „Wie kommen wir wieder hinauf?" Der Fuchs erklärte es ihm. Der Bock sollte sich auf die Hinterbeine stellen, die Vorderbeine gegen die Wand stemmen und seine Hörner aus dem Brunnen herausstrecken. „Dann werde ich über deinen Rücken hinaufklettern und dir sofort heraushelfen", so der Fuchs.
Der Ziegenbock tat, was man ihm geraten hatte. Oben angelangt tanzte der Fuchs vor Freude. Er verhöhnte den Bock wegen seiner Dummheit. „Ich werde mich an dir rächen!", schrie der Bock. Darüber lachte der Fuchs und antwortete: „Wenn du so viele Gedanken hättest wie Haare in deinem Bart, dann wärst du nicht heruntergestiegen, ohne zu überlegen, wie du wieder herauskommst!"

4 Appositionen

1 So könnte deine Lösung aussehen:
a) ein gelber Lkw;
b) drei Männer der Umzugsfirma;
c) ein Freund meines Vaters;
d) meine neue Schule

2 a) Carsten, vor Schreck erstarrt, wagte, sich wieder zu bewegen.
b) Antonia, vor Leben sprühend, begeisterte alle.
c) Die Zuschauer, vor Begeisterung jubelnd, applaudieren immer noch.
d) Emma, vor Eifersucht rasend, machte Alexander Vorwürfe.
e) Otto, vor Müdigkeit gähnend, entschloss sich, ins Bett zu gehen.
f) Torsten, vor Freude lachend, umarmte Falk

3 Eulenspiegel, ein bekannter Schelm, kam einmal zur Universität von Erfurt.
Die Studenten und ihr Professor, über Eulenspiegels Streiche gut informiert, wollten ihn hineinlegen, und zwar möglichst gründlich.
Sie kamen nach heftiger Diskussion, einer Lieblingsbeschäftigung von Studenten, endlich zu einem Entschluss.
Eulenspiegel sollte einen Esel, ein ganz junges Tier, im

Lesen und Schreiben unterrichten.
Der Schalk, ein wenig überrascht, stimmte dem Vorschlag der Studenten zu.
Sie vereinbarten eine Zeit von 20 Jahren, also sozusagen die Lehrzeit des Esels, und Eulenspiegel erhielt sogar Lehrgeld, nämlich 25 Dukaten.
Die Studenten, vergnügt und schadenfroh, waren überzeugt, Eulenspiegel hineingelegt zu haben.
Der Schalk brachte den Esel mit Hilfe von Haferkörnern, der Lieblingsspeise eines jeden Esels, zum lauten Lesen, nämlich zum Schreien der Buchstaben I und A.
So besiegte Eulenspiegel sogar die klugen Leute von der Universität, insbesondere den Professor.

4 a) Annika liest gerne, und zwar besonders historische Romane.
b) Nico ist ein guter Schüler, vor allem in Mathematik und Biologie.
c) Lena und Marie gehen in den Sommerferien gemeinsam auf Reisen, nämlich nach Italien.
d) Nachmittags ist Carla gerne draußen unterwegs, am liebsten im Wald.
e) „Adam, klettere doch nicht so weit nach oben, so ganz ohne Sicherung!", rief unsere Sportlehrerin.
f) Bei schlechtem Wetter, besonders bei Sturm, wagt sich Melinas Katze nicht aus dem Haus.

5 Lösungsvorschläge:
b) Eva, glücklich über ihre gute Englischnote, sprang fröhlich auf ihr Fahrrad.
c) Suse lädt viele Mitschüler, insbesondere ihre besten Freunde, zu ihrem Geburtstag ein.
d) Entschuldigung, das wollte ich wirklich nicht.
e) Liebe Oma, zu deinem Geburtstag wünsche ich dir alles Gute.
f) Julia besuchte ihren Opa, einen alten Schreinermeister.
g) Sehr geehrte Damen und Herren,
die letzte Ausgabe Ihrer Zeitschrift hat mir besonders gut gefallen.
h) Leo liebt viele Sportarten, zum Beispiel Reiten und Schwimmen.
i) He, was machst du denn da?
j) Eva verschlang den neuen Roman, einem Abenteuerroman.
k) Hallo, ist da jemand?

6 Weil meine Großeltern, bereits 40 Jahre verheiratet, keine Ahnung von Computern hatten, machten sie einen Computerkurs für Senioren. Es gefiel ihnen ziemlich gut, obwohl die Kursleiterin, Studentin, schnell erklärte und viele Fachausdrücke verwendete. Mein Opa, schon etwas zittrig, hatte vor allem Probleme mit der Tastatur. Er geriet oft auf die falschen Tasten, löschte manchmal sogar ganze Seiten, die er geschrieben hatte. Deshalb zeigte ihm meine Oma, etwas fitter in diesen Dingen, die Wiederherstell-funktion.

7 Vor und nach der Apposition steht immer ein Komma:
a) neu eingerichtet;
b) 12.00 Uhr bis 14.00 Uhr;
c) meistens Biologie;
d) der Aufsichtslehrer;
e) vor allem ältere

5 Infinitiv- und Partizipgruppen

1 a) Konzentriert, auf die versteckten Fallen achtend, bearbeitete sie die Aufgabe.
b) Die Schlüsselwörter unterstreichend strukturiere ich mir den Text, der sehr schwierig ist.
c) Ein spannendes Buch lesend bemerkte sie nicht, dass das Telefon klingelte.
d) Mit Infos gut ausgestattet, so gingen die Schüler der 8c in ihr Praktikum.

2 a) Vor dem Fenster an ihrem Bleistift kauend, dachte Anna lange nach.
b) Über diese vielen Regeln stöhnend (,) verließ Tom sein Arbeitszimmer.
c) In Berlin angekommen (,) besuchte die Klasse das Brandenburger Tor.
d) Dann, endlich in Berlin angekommen, besuchte die Klasse das Brandenburger Tor.

3 Diktat

4 a) Wie gestern angekündigt (,) schreiben wir heute einen Vokabeltest.
b) Von der Dunkelheit plötzlich überrascht (,) verlor er die Orientierung.
c) Ratlos umherirrend (,) suchte er nach dem Hotel.
d) Völlig entkräftet (,) schleppte er sich ins Ziel.
e) Aus vollem Halse lachend (,) kam sie auf mich zu.
f) Anne, in einen dunklen Schal gehüllt, ging die Treppe hinunter.
g) Genau so, ihn keines Blickes würdigend, rannte Annika davon.
h) Schwitzend vor Anstrengung machte Sanna sich an die Arbeit.
i) Anton, überwältigt vor Staunen, lachte lauthals.
j) Zu allem bereit, so gingen sie an die Arbeit.
k) Der Herbst, kühl und feucht dieses Jahr, ist schlecht zum Wandern.
l) Dann, endlich in Berlin angekommen, suchten wir eine Jugendherberge.
m) Hannah trat Carl mit dieser Haltung, stolz und unnahbar, entgegen.
n) Ein Glas Limonade in der Hand haltend, so saß sie auf der Fensterbank.

5 a) Wieder einmal tanzen zu gehen, das würde mir gefallen.
b) Klara ging in ihr Zimmer, um zu lesen.
c) Hast du nichts Besseres zu tun, als mich zu ärgern?

d) Anstatt endlich ins Bett zu gehen, drehten sie die Musik noch lauter auf.
e) Wir freuen uns darauf, euch zu sehen.
f) Anni und Dalia hatte schon oft daran gedacht, Jazzdance zu lernen.
g) Ich rate dir, dich hier nicht mehr blicken zu lassen.
h) Anno konnte nichts tun, außer die Feuerwehr zu rufen.
i) Der Plan, nach München zu fahren, fiel ins Wasser.
j) Es wäre schade, diese Chance nicht zu nutzen.
k) Henrys Wunsch war es, berühmt zu werden.

6 a) Daran, den Job zu behalten, dachte sie nicht.
b) Ein schnelles Auto zu fahren, dies war sein größter Wunsch.
c) Er hatte nicht erwartet, so erschöpft zu sein.
d) Er, statt zu helfen, sah tatenlos zu.
e) Dazu, endlich Farbe zu bekennen, hatte er keinen Mut.
f) Sie trug einen dicken Schal, um sich nicht zu erkälten.
g) Er ging über die Straße, ohne nach links und rechts zu schauen.
h) Sie hatten die Idee, das Fest mit einem Feuerwerk zu beschließen.
i) Davon, ein Star zu werden, träumte sie.

7 a) Ich trainiere, um ein erfolgreicher Tennisspieler zu werden.
b) Täglich stehe ich auf dem Tennisplatz, anstatt mich mit meiner Clique zu treffen.
c) Meine Freunde unterstützen mich, ohne zu murren.
d) Ich verspreche ihnen, sie nach Wimbledon einzuladen.

6 Datums- und Adressangaben

1 a) Meine Brieffreundin wohnt in Bonn, Königsallee 23.
b) Wir treffen uns am Freitag in Köln, Stadtbücherei am Josef-Haubrich-Ring.
c) Meine Tante hat eine vornehme Adresse: Sie wohnt in London, Notting Hill.
d) Wir ziehen von Hamburg, Holstenstraße 133(,) nach Mülheim, Straßburger Allee 23(,) um.

2 a) Dienstag, der vierte, das ist mein Glückstag, denn da habe ich Tom kennen gelernt.
b) Wir treffen uns am Montag, den 24. Mai, um 8.30 Uhr.
c) Ich lade euch alle ein zu meiner Geburtstagsfete am Freitag, 14. Juli, um 18.00 Uhr.
d) Treffen wir uns nachher in der Königstraße, Ecke Kienestraße(,) zum Shoppen?
e) Wir kommen am Sonntag, 27. Juli(,) wieder zurück.
f) Lucas Abschlussprüfung ist am Dienstag, 28. März, um 10 Uhr(,) im Klinikum Großhadern.

3 a) Die zweite Besprechung findet am Dienstag, 9.30 Uhr (,) statt.
b) Wir treffen uns bei Peter in Hamburg, Krabbenweg 14.
c) Anne kann leider erst später kommen, da sie bis Freitag, den 17. August (,) im Urlaub ist.
d) Ihr Flieger landet am Donnerstagabend, 22.00 Uhr (,) in Stuttgart.

4 Sehr geehrte Eltern der Klasse 7 a! Köln, 12. Februar 2009
Wir gehen bald auf Klassenfahrt. Die Schule hat dafür als Abreisetag Montag, den 22. September (,) festgelegt.
Da wir fünf Tage unterwegs sind, werden wir Freitag, 27. September (,) zurück sein. Wir starten am Montagmorgen, 8.00 Uhr (,) auf dem Parkplatz vor der Schule. Bitte bringen Sie Ihre Kinder pünktlich zur Schule, damit wir die Jugendherberge in Berlin noch vor dem Abendessen um 18.00 Uhr erreichen.

5 War das ein schrecklicher Sturm gestern Abend am Bodensee. Er kündigte sich zwar schon am Mittwoch, den 28. Oktober (,) an, aber mit dieser Stärke rechneten die Meteorologen nicht. Gegen Vormittag, 11.00 Uhr (,) gab die Stadt Konstanz ihre erste Sturmwarnung heraus. Dennoch konnte man bis zum Nachmittag, 16.00 Uhr, immer noch einige Schiffe auf dem See entdecken. In Überlingen wurde der Fährverkehr bereits am 29. Oktober, 8.00 Uhr (,) eingestellt.

6 Am Mittwoch, den 4. April 2012, kurz vor acht Uhr (,) stand Claudio, ziemlich angespannt und nervös um sich schauend, vor der Hundeschule in Köln, Augustastraße, um an der großen Hundeleistungsprüfung teilzunehmen.
Ebenfalls aufgeregt und ein wenig zitternd vor Kälte, so kauerte neben ihm sein kleiner Mischlingsrüde Fips, ohne auch nur eine Sekunde den Blick von seinem Herrchen abzuwenden. Um den aufgeregten jungen Hund zu beruhigen, hielt ihm Claudio immer wieder ein kleines Stück Hundekuchen vor die Nase. Er hatte nämlich die Befürchtung, wegen der Nervosität von Herr und Hund bei der Prüfung durchzufallen.
Doch er hätte sich nicht sorgen müssen. Aus dem Gebäude vor ihm, Augustastraße 15(,) kam Punkt acht Uhr eine junge, fröhliche Frau und brachte Claudio und Fips zum Trainingsplatz.
Am selben Tag noch, gegen 12.30 Uhr (,) nahm Claudio, vor Freude strahlend, die Urkunde in Empfang. Er war sehr stolz, sie bald allen Freunden zeigen zu können. Fips, jetzt wieder ganz entspannt, freute sich am meisten darauf, seinen Hundekuchen in Ruhe auffressen zu können.
Erleichtert und gesättigt, so kamen beide schließlich zu Hause an.

Besser werden mit dem täglichen 10-Minuten-Training!

- Kleine Lernportionen: In 10 Minuten das Wichtigste draufhaben
- Mit vielen Übungen zu einem Schlüsselthema
- Leichte und schwere Übungen für mehr Lernerfolg

Englisch

Simple Present und Present Progressive
5. Klasse
ISBN 978-3-12-927389-0

Erste englische Texte schreiben
5./6. Klasse
ISBN 978-3-12-927518-4

Simple Past und Present Perfect
6./7. Klasse
ISBN 978-3-12-927392-0

If-Clauses
6.-8. Klasse
ISBN 978-3-12-927393-7

Direct Speech - Indirect Speech
7./8. Klasse
ISBN 978-3-12-927519-1

Deutsch

Diktate
5./6. Klasse
ISBN 978-3-12-927386-9

Texte schreiben
5./6. Klasse
ISBN 978-3-12-927388-3

Groß- und Kleinschreibung
5./6. Klasse
ISBN 978-3-12-927516-0

Wortarten
5./6. Klasse
ISBN 978-3-12-927517-7

Zeichensetzung
5.-7. Klasse
ISBN 978-3-12-927387-6

Mathematik

Textaufgaben
5. Klasse
ISBN 978-3-12-927527-6

Grundrechenarten
5. Klasse
ISBN 978-3-12-927394-4

Rechnen mit Brüchen
5./6. Klasse
ISBN 978-3-12-927395-1

Prozente und Zinsen
6.-8. Klasse
ISBN 978-3-12-927396-8

Rechnen mit Termen
7./8. Klasse
ISBN 978-3-12-927528-3

Diese und weitere Lernhilfen sind im Buchhandel erhältlich.
Weitere Informationen unter www.klett-lerntraining.de